日本のことわざを心に刻む

―処世術が身につく言い伝え―

岩男忠幸

東邦出版

はじめに

本書は、日本に古くから伝わる「ことわざ」を深く味わっていただくための本です。辞書のように五十音順に並べ、その意味を解説しただけの本ではありません。由来、用例、類句（似た意味のことわざ）、ことわざに関連した話題、私見などを加えた「読み物」です。ことわざは「古い」「難しい」と思っている方でも、楽しみながら読み進められる構成になっています。

日本語には大きく分けて日本で生まれた大和言葉、中国語から取り入れた漢語、カタカナで表記される外来語がありますが、ことわざも同様に日本で生まれたもの、中国や西洋由来のものがあります。

日本で生まれたことわざは、『枕草子』『源氏物語』などの古典文学や俳句、短歌、川柳などからできたものもありますが、一般庶民（主に江戸時代の）が普段の生活から学んだ生活の知恵や教訓などが口伝《くちづ》てで世間に広まり、ことわざとなったものが数多くあります。これらのことわざは、テンポよく、かつ、イメージしやすい短い言葉で強く戒めたり、ユーモアを交えながら教え諭《さと》したり、人とのコミュニケーションにおいて潤滑油の役割を果たしてきました。現代のことわざ辞典や国語の辞書にも載っていることわざは、人に対して大きな説得力を持つ言葉だった証《あか》しでもあるわけです。

本書では、先人たちの知恵や考え方がぎっしり詰まった、人が生きていくうえでさまざまな場面でヒントや指針となることわざを多く紹介しています。人との付き合い方、言葉の使い方、お金に対する考え方など、先人たちとは生きていた時代は違いますが、現代に置き換えても通用するものばかりです。

最終章には日本語の妙ともいえる「もじり」や「しゃれ」を使ったことわざのほんの一部を紹介しています。これもまさに「言《こと》」の「技《わざ》」ですが、その「技」をお楽しみください。そして、ご自分でも同じように創作してみてはいかがでしょうか。きっと脳が元気になるはずです。

本書が、先人たちが後世に残してくれた言葉の遺産「ことわざ」に親しみ、興味を持つきっかけになれば幸いです。

最後に、本書の企画当初からご協力をいただいた一凛堂の稲垣麻由美プロデューサーに、この場をお借りしてお礼申し上げます。

岩男忠幸

もくじ

お金

花木

四季

天候・天災

コラム

偉人たちの教え

もじり・しゃれ

本書の表記について

・見出しとして掲載していることわざ以外に、本文中に登場することわざには色をつけています。
・ことわざの漢字・仮名表記は、筆者が数多くの文献を調べたなかで多数派の表記を採用しています。
・引用している古典文学や和歌などは旧仮名遣いで表記しています。
・西洋のことわざとして載せているものは、英語のことわざを訳したものです。

男と女

私たちは親から生まれ、その親は
そのまた親から、その親の親は
そのまた親の親の親から生まれました。
このように遡《さかのぼ》っていくと、
人生は男と女の結びつきから
始まっているのだといえます。

恋心

男女の距離は意外と近いもの

遠くて近きは男女の仲

意味 男女の仲は遠く離れているように見えて意外に近いもので、ちょっとしたきっかけで結ばれやすいというたとえ。

このことわざは、平安時代の女流作家・清少納言の随筆『枕草子』の中にある、

遠くて近きもの　極楽　舟の道　男女の中

からできたと考えられています。

ちなみに、「遠くて近きは恋の道、近くて遠きは田舎の道」という面白い言葉があります。『枕草子』を読んでみると、「遠くて近きもの」の前に、

近うて遠きもの　宮のべの祭り　思はぬはらから、親族《しぞく》の中　鞍馬《くらま》のつづらをりといふ道　師走のつごもりの日、睦月のついたちの日ほど

（近いようで遠いもの　宮のべの祭り　親しくない兄弟姉妹や親族の仲　鞍馬のつづらおりという道　十二月のみそかの日と正月の一日の日の間）

とあります。「鞍馬のつづらをりといふ道」は京都にある鞍馬寺の曲がりくねった参道のことで、これを受けて「田舎の道」と表現したのかもしれませんが、確かに遠く感じます。

ちなみに、「思はぬはらから」の「思はぬ」は親しく思わない、「はらから」は同胞とも書き、母を同じくする兄弟姉妹のことで、「近くて遠いのは親しくない兄弟姉妹の仲」ということですが、兄弟姉妹はそれぞれに家族ができると疎遠になり、やがて他人のようになる、**「兄弟は他人の始まり」**ということです。

清少納言も気ままに書いた随筆が、千年もの時を経て学校の教科書に載ったり、こんなことわざで使われるようになったりするとは思ってもいなかったでしょう。

磁石に針

磁石のように引き寄せ合うのが男と女

意味 磁石と針を近づければくっつくように、男女は接近しやすく、また、誘惑されやすいことのたとえ。

森鴎外は『ヰタ・セクスアリス』の中でこんな面白い描写をしています。

女の磁石力が強くて、安達はふらふらと八幡楼へ引き寄せられて行く。

磁石力は磁石の引きつける力のことですが、ここでは人の心を引きつけ、夢中にさせる力を意味しています。

とはいうものの、磁石力が強いからといって、みんなが相思相愛になって結ばれるわけではありません。

また、有名人の姿を見つけた人たちが一斉に群がり、一緒にくっついてまわる様子はこれも「磁石に針」でしょう。

このことわざのような「○○に××」という言い回しは、「猫に小判」や「梅に鶯《うぐいす》」のように、ことわざによく使われます。

惚《ほ》れ方にもいろいろある

相惚《あいぼ》れ自惚《うぬぼ》れ片惚《かたぼ》れ岡惚《おかぼ》れ

意味 人が人を好きになる「惚れ方」にはいろいろある。

相思相愛の相惚れ、独り善《よ》がりの自惚れ、片思いの片惚れ、他人の恋人や親しく接したことのない人を脇からひそかに恋する岡惚れ、と、なるほど、いろいろな惚れ方があるものです。

もう一つ、ここには入れられなかった惚れ方があります。それは浮気心からする恋、ついちょっと惚れてみる恋、「徒惚《あだぼ》れ」です。この「徒」は浮ついているという意味で、「徒名」は浮き名（恋愛や情事の噂《うわさ》）、「徒心」は浮気心、「徒人」は浮気な人、「徒し男」は浮気男のことです。

「岡惚れ」は「傍惚《おか》れ」とも書きます。「岡・傍」はかたわらを意味していて、ほかの表現としては、たとえば、自分とは直接関係ないのに、別の男女の仲がいいのを妬《ねた》む、はたから焼き餅を焼くことを、「岡（傍）焼き餅」、略して「岡（傍）焼き」といったりします。

鯉《こい》と恋をかけて

及ばぬ鯉の滝登り

意味 鯉は急流を遡《さかのぼ》っていくが垂直に落ちる滝は登れないことから、自分の能力の及ばないことをいくら頑張ってみても、到底目的を達成する見込みがないことのたとえ。「鯉」と「恋」

を掛けて、結ばれそうもない高望みの恋にもたとえます。

ことわざの**「鯉の滝登り」**は、中国の黄河《こうが》上流にある、流れの急な竜門を登り切ることができた鯉は竜になるという伝説から、人が立身出世することのたとえですが、この意味に「及ばぬ」を加えて「及ばぬ鯉の滝登り」となると、立身出世は到底見込みがない、という意味になります。

高望みの恋は**「高嶺《たかね》の花」**ともいいますが、高い山の嶺《みね》に咲き、見えてはいるけれど手にすることができない花にたとえたもので、たいていの辞書は「高嶺の花」と「嶺」の字を使っていますが、新聞などの報道機関は基本的に学校で習う漢字（常用漢字）を使うことにしているので、「高根の花」となっているのはご存じでしたか？

ちなみに、「高値の花」と書くのは誤りなのですが、値段が高いのでなかなか手に入れることができないものという意味で、「サンマが今年は高値の花」という面白い使い方を時々見かけます。

一枚だと片思い、二枚だと仲良し

磯の鮑《あわび》の片思い

意味　鮑は二枚貝のハマグリやアサリと違い、殻が片方だけのように見えるところから片思いに掛けて、自分が恋しく思っているのに相手はなんとも思ってくれないことのたとえで、単に**「鮑の片思い」**ともいいます。

多くの辞書はこの意味しか載っていませんが、

このことわざのもとになったと考えられている歌があります。
それは『万葉集』にある、

伊勢の海人《あま》の朝な夕なに潜《かづ》くといふ
鮑の貝の片思《かたもい》にして

（伊勢の海人が朝に夕に潜って取るという鮑の貝のように、私は片思いばかりしている〈「かたもい」は「かたおもい」の音変化〉）

とされています。そして、『万葉集』にはこんな歌もありました。

海人娘子《あまおとめ》潜き取るといふ忘れ貝
世にも忘れじ妹《いも》が姿は

（海人の娘が海に潜って取るという忘れ貝、その貝は恋を忘れさせるというが私は決して彼女の姿を忘れない）

忘れ貝は二枚貝の殻の一片、または一枚貝の殻のことで、これを拾うと恋しい人を忘れることができると考えられていて、「潜って取るという忘れ貝」も鮑のことでしょう。

二枚貝のハマグリは合わせてふさぐ貝ということで、「蛤」（虫偏は人・けもの・鳥類・魚類以外を表す）と書きますが、二枚の貝殻の嚙み合わせはもともとの組み合わせ以外はぴったりと合わないので、仲の良い夫婦、夫婦和合の象徴として結婚式の吸い物や、良い伴侶に巡り合えるようにとの願掛けからひな祭りの膳にも出されます。

貝の殻一枚は片思い、二枚で仲の良い夫婦や良縁を表現するとは、日本人は素晴らしい感性を持っていますね。

実りの秋だというのに、男女の仲は秋を迎えると……

秋風が立つ

意味 「秋」を「飽き」に掛けて男女間の愛情が冷めることのたとえ。

「あの二人、ようやく春を迎えたと思ったら、もう秋風が立ち始めたらしいよ」というように使います。

和歌でも古くから「秋」は「飽き」に掛けて「心に秋が来る」とか、心変わりすることを「心の秋」と詠まれていますが、『古今和歌集』にこんな歌があります。

わが袖にまだき時雨《しぐれ》の降りぬるは
君が心に秋や来《き》ぬらむ

（私の袖が早くも時雨が降ったように涙に濡れるのは、あなたの心にはもう秋が来て、私に飽きてしまったからなのでしょうね）

ちなみに、漢字の「秋」は草木がしおれて縮み、人の心もぐっと引き締まる季節のことで、「心」を加えた「愁」は、寂しさや心配で心が縮む、愁《うれ》えることを意味しています。

男性から飽きられてしまった女性のたとえ

秋の扇《おうぎ》

意味 中国前漢の成帝《せいてい》に寵愛《ちょうあい》された班婕妤《はんしょうよ》という女性が、成帝に顧《かえり》みられなくなったことを、秋になって使われなくなった扇にたとえて嘆きの詩を詠んだという故事から、女性が男性に飽きられて捨てられること、男性から顧みられなくなった女性のたとえ。**「班女《はんじょ》が扇」「団雪《だんせつ》の扇」**ともいいます。

班女が閨《ねや》の中《うち》の秋の扇の色
楚王《そおう》が台《うてな》の上の夜の琴の声

〈雪の白さは〉秋になって班女の寝室の中に捨てられた扇の色のようであり、〈風に舞う雪の音は〉楚王が高殿で琴を弾じた夜の曲を思わせる〉

これは藤原公任《ふじわらのきんとう》撰の詩文集『和漢朗詠集《わかんろうえいしゅう》』「冬・雪」の中にある平安中期の漢詩人・橘《たちばなの》在列《ありつら》の漢詩です。

男の心は移り気で変わりやすい

男心と秋の空

意味 秋の空は晴れていたかと思うと急に崩れるように変わりやすいが、女性に対する男性の愛情も、秋の空模様のように移り気で変わりやすいというたとえで、**「男心と秋の空は一夜に七度変わる」「男の心と川の瀬は一夜に変わる」**ともいいます。

ここまで読んで「男心ではなくて女心でしょ?」と思った人もいらっしゃるでしょう。古くからあったこのことわざの「男」を「女」に置き換えたものが**「女心と秋の空」**で、男性に対する愛情だけではなく女性の心は変わりやすいもの、という意味で使われます。

現在の『広辞苑』にはどちらも載っていますが、私の手もとにある一九六九年発行の『広辞苑』第二版には「女心と~」は載っていませんし、辞書によっては「男心と~」だけ、逆に「女心と~」だけしか載っていないものもあって、辞

書によって扱いが違うことわざです。

西洋でも「**男の心は季節のように変わる**」とか、「**女心と冬の風はよく変わる**」と、男心も女心も季節のように変わりやすいものだと表現しているのも面白いですね。

一生添うとは男の習い

男性が女性を口説《くど》く時の言葉

意味 「一生涯君を愛して離さない」「君を一生幸せにします」などと言うのは、男性が女性を口説く時の決まり文句のようなものだ。

これにはもう一つの意味が含まれていて、その言葉はその時だけのものであって、あてにならないものだ、ということで、西洋では「**ジュピターは恋人たちの偽りの誓いをあざ笑っている**」（ジュピターはローマ神話の最高神で、ギリシャ神話の最高神ゼウスにあたる）というそうです。

厭《いや》じゃ厭じゃは女の癖

口説かれた女性の返事

意味 女性は男性に口説かれると、内心は嬉しいのに、口先だけいやいやを言うのは口癖のようなものだということ（あくまでことわざの中でのお話）。

「じゃ」は、「である」の「る」が抜けた「であ」が変化したもので、室町時代の後期頃から関西地方で使われ、今でも広島地方では「いやじゃ・そうじゃ」などと使われています。ちなみに、関西では「じゃ」は「や」（いやや・そうや）に変化し、関東では「であ」は「だ」（いやだ・そうだ）に変化しています。

西洋では**「娘の十九回のいやは半分承知」**というようですが、西洋の女性はそう簡単にはうんとは言わないようです。

結局どっちなの？

厭《いや》と頭《かぶり》を縦に振る

意味 口説かれた女性が口では「いやだ」と言いながら、首を縦に振ってうなずいている。言うことと身振りは反対だが、心の中では承知しているということ。

西洋にも**「娘はノーと言ってイエスの意味」**と同じようなことわざがあります。

お年頃の女性の微妙な感情をうまく表現したことわざですが、いやと言いながら首を縦に振るのは結構難しいですよ、無意識に首を横に振ってしまいますから。

ちなみに、「頭《かぶり》を振る」というと、頭を左右に振って「いやだ」「そうじゃない」という意思表示をすることで、「頭頭《かぶりかぶり》」は、幼児が頭を左右に振るいやいやのことです。

縁組み

嫁をもらうなら

娘を見るより母を見よ

意味 相手の女性の人柄をよく知りたければ、母親の良い点も悪い点も娘は受け継いでいるので、その母の人柄を見ればよくわかるということで、「**嫁を取るなら親を見よ**」ともいいます。

女性が結婚を考える男性の人柄をよく知りたければ、男性の親の人柄を見ればよくわかるともいえるでしょう。「**この親にしてこの子あり**」（この立派な親がいるから子が優れている。また、良くも悪くも子は親の性質を受け継いでいる）ともいいますので。

くれなさそうに見えて意外と簡単にくれる

秋の日と娘の子はくれぬようでくれる

意味 日が「暮れる」と、嫁に「呉れる」を掛けて、秋の日はなかなか暮れないようですぐ暮れるが、同じように、娘はなかなか嫁にくれそうもないように見えて、意外に簡単にくれるものだということ。

この後に、「**春の日と継母《ままはは》はくれそうでくれぬ**」と続けることもあります。これは、春の日はなかなか暮れそうで暮れないのと同じように、継母（後妻）をもらえそうでもらえない、また、継母は先妻の子どもにはものを与えそうでなかなか与えない、という二つの意味があります。

でも、一人娘になると話は別!?

一人娘と春の日はくれそうでくれぬ

意味 日が「暮れる」と、嫁に「呉れる」を掛けて、春の日は冬に比べてだんだん長くなり、暮れそうでなかなか暮れないように、一人娘は親が惜しんでなかなか嫁に出そうとしないということ。

「くれない」を掛けたこんな面白い川柳もありました。

くれそうにして紅《くれない》の舌を出し

（くれるのかと思ったら、あかんべと紅《あか》い舌を出された）

「恋に上下の隔《へだ》てなし」というが……

釣り合わぬは不縁の基《もと》

意味 地位や家柄、財産などが違いすぎる者同士の結婚は、思わしくない結果に終わることが多いということ。**「気の釣り合わぬは不縁の基」**ともいい、**「釣り合った家柄、釣り合った財産、釣り合った年齢、これが最も幸福な縁組みである」**と具体的に教えてくれるものもあります。

西洋では**「自分と同等の者と結婚せよ」**といいますが、日本のことわざは間接的な表現が多いのに対して、西洋のものはストレートな表現が多いのは民族性の違いのようなものでしょうか。

中にはこういう人もいる

思うに別れ思わぬに添う

意味 好きな人とはいろいろな理由で別れて一緒になれず、まったく思ってもいなかった相手と結婚すること。

男女の仲は思うとおりにはいかないもので、縁とは不思議なものです。

江戸初期の『薄雪《うすゆき》物語』にこんな句があります。

世の中は月に叢雲《むらくも》花に風
**　思ふに別れ思はぬに添ふ**

（世の中は自分の思うとおりにはいかないもので、月を愛《め》でようとすれば雲がかかり、桜の花を愛でようとすれば風が吹く。好きな人とは一緒になれず、思ってもいなかった人と一緒になる）

「月に叢雲花に風」は、良いことには得てして邪魔が入りやすく、長続きしないものだというたとえとして用いられます。

相手が見つからなくてもあきらめてはいけない

破《わ》れ鍋《なべ》に綴《と》じ蓋《ぶた》

意味 「破れ鍋」は割れてひびの入った鍋、「綴じ蓋」は修繕した蓋のことで、ひびの入った鍋に修繕した蓋をすることを夫婦に見立てたことわざで、破損した鍋にもそれ相応の蓋があるように、どんな人にもその人にふさわしい結婚相手がいるということ。また、結婚相手は身分相応の者がよい、似た者同士が一緒になればうまくいく、貧乏な夫婦が仲良く暮らすことのたとえでもあります。

このことわざには、**「破れ鍋に欠け蓋」「合わぬ蓋あれば合う蓋あり」「合《お》うた釜に似寄った蓋」「ねじれ釜にねじれ蓋」**など、同じようなものがいくつもあります。

これらは夫婦をこわれた物にたとえたものなので、褒め言葉ではありません。自分のことには使えますが、「お宅は破れ鍋に綴じ蓋のようでうらやましいですわ」などと、他人のことに使ってはいけません。

夫婦のたとえに使われる「鍋」は女中を意味する語でもあり、時代劇には「おなべ（さん）」という名前の女性が出てきますが、これは江戸時代、女中の代表的な名前です。そして、**「手鍋提《さ》げても」**は、好きな男性と夫婦になれるなら、自分で炊事の苦労をするような貧しさでも構わないという意味ですが、手鍋は女中を雇わずに自分で煮炊きをすることを意味しています。

姉さん女房のすすめ（理由その一）

姉女房は子ほど可愛《かわい》がる

意味 年上の女房は、夫を子どものようにかわいがって大事にしてくれる。

姉さん女房は世話好きでしっかりしているので、男性からすると姉さん女房には甘えやすいのでしょうか。

姉さん女房のすすめ（理由その二）

姉女房は身代《しんだい》の薬

意味 年上の女房は家計のやりくりが上手で財産を増やし、また、夫にも理解があってよく尽くしてくれるので、家庭を円満にする薬のようなものだ。

「身代」は財産のことで、「身代薬」は一家の財産を保つために役立つもの、特に、しっかりした女房のことをいいます。
「姉女房倉（蔵）が建つ」「箆増《へらま》しは果報持ち」（東北地方で姉さん女房のことを「箆増し」といい、年上の女房を妻にした男性は幸福だという意味）ともいいます。

姉さん女房のすすめ（理由その三）

一つ勝《まさ》りの女房は金《かね》の草鞋《わらじ》で探しても持て

意味 夫婦は妻が一歳年上だとうまくいくので、いくら歩いても擦り切れない丈夫な鉄製の草鞋を履いて、方々歩き回ってでも、そういう女房を探しなさい。

「金の草鞋で探す」は、年上の女房に限らず、得がたい人物・物事を根気よく探し求めることで、「金の草鞋で尋ねる」ともいいます。
近頃は一つ勝りどころか、もっと年上の姉さん女房も珍しくないようですが、やはり金の草鞋を履いて探しているのでしょうか。

仲人の話の半分は嘘《うそ》

仲人口《なこうどぐち》は半分に聞け

意味 仲人口とは、仲人が縁談をまとめるために、両方に対して相手を実際以上に褒めていう言葉のことで、仲人の話には嘘や誇張が多いので話半分に聞いておきなさい。

仲人といわれる人の中には、結婚の相手探しから婚礼まですべてを取りまとめて、その謝礼をもらうことを生業《なりわい》とする人がいました。縁談をまとめるために、仲人は双方に何度も足を運ばなければならなかったので、早くまとめるためにも、その話には嘘や誇張も多くあったようです。

仲人口の例でこんな面白い川柳があります。

仲人に聞けば姑はみな仏

（仲人に姑になる人はどんな人かと聞いてみると、たいてい「それはもう仏様のような方ですよ」と答える）

影の無い姑一人と仲人いい

（家族を尋ねると「いるのかいないのかわからないような姑さんが一人いらっしゃいます」と言う。本当は、姑はまだまだ元気で、小姑もいるかもしれない）

仲人口の被害者が多いのか、**「仲人口は当てにならぬ」「仲人七嘘《ななうそ》」「仲人の嘘八百」「仲人の空言《そらごと》」**などと、仲人は散々の言われようです。

ちなみに、仲人は月下氷人《げっかひょうじん》ともいいますが、これは月下老人と氷人からできた語です。

月下老人は、中国で唐の時代、韋固《いご》が旅先で月夜に会った老人から未来の妻を予言されたという故事から、氷人は、晋の時代、令狐策《れいこさく》が占いの名人索紞《さくたん》に、「氷の上に立って氷の下の人と話をした」という夢の判断を求めると、「氷が溶けた頃、結婚の世話をする前兆である」と言われ、そのとおりになったという故事から、それぞれ男女の仲を取り持つ人、仲人を意味するようになりました。

夫と妻

男と女が結婚すると、
夫と妻という関係へと変わり、
ひとつの家族が生まれます。
夫婦になれば生涯仲良く添い遂げたいもの。
しかし、中には止むを得ず
離別する夫婦もいます。

連れ添う

こんな夫婦であれば安泰

女房に惚《ほ》れて家内安全

意味　家内安全の本来の意味は、家族に事故や病気がないことですが、家内は家の中・家族を意味し、自分の妻をいう語でもあります。夫が妻に惚れていれば家内＝妻は安全、つまり妻は余計な心配もせずに心を安らかにしていてくれるので、夫は妻に危険を感じずに安心していられる。そして、夫婦喧嘩《げんか》をすることもないので家内は安全、つまり家の中は平穏で、家族に被害が及ぶこともなく安全である、と、この言葉には深い意味があります。

「女房に惚れてお家繁盛」「天下泰平女房に惚れている」ともいいます。

ちなみに、「安」という字は「宀（家）」と「女」でできていますが、家で女性が心を穏やかにして落ち着いていることを表しています。家庭の平和も世の中の平和も、女性が安心して暮らせるかどうかにかかっている、ということです。

どんな男にも楊貴妃《ようきひ》のような美人の妻がいる

面面《めんめん》の楊貴妃

意味　面面はおのおの、ひとりひとりを意味し、楊貴妃は中国唐の玄宗《げんそう》皇帝の妃《きさき》として知られた絶世の美女のこと。男はそれぞれ自分の妻が、中国の楊貴妃のような美人だと思うものである。

人にはそれぞれ好みがあり、好きになると欠点も隠れて美しく見えることのたとえ。

このことわざと同じようなものがいくつもあります。

蓼喰《たでく》う虫も好き好き
辛い蓼の葉を好んで食べる虫もいるように、人の好みはさまざま。

痘痕《あばた》も靨《えくぼ》
惚れてしまうと相手の痘痕でも靨に見えるように、欠点でも長所に見えてくる。

禿《は》げが三年目につかぬ
好きになった相手であれば、その人の禿頭は三年間は気にならない。

縁《えん》の目には霧が降る
霧がかかると対象がはっきり見えないことから、縁があって結ばれる者同士の目には、互いに相手の欠点が見えず、美点だけが映る。

女房が焼き餅を焼いても
女房の妬《や》くほど亭主もてもせず

意味 女房は自分の亭主をもてるものと思って焼き餅を焼くが、残念ながら実際は女房の思うほどもてないものだ。

これは江戸時代の川柳です。亭主はもてないから浮気をする心配もありませんが、女房が亭主のことを気にしなくなると、それはまた別の問題が生じている可能性もあります。後に出てくる「**知らぬは亭主ばかりなり**」（29ページ）とならなければいいのですが。

いさかいをしいしい腹を大きくし

喧嘩《けんか》の後はかえって仲が良くなる

意味　言い争いをよくして夫婦の仲はあまりよくないようだけれど、なぜか子どもはよくできる。

出典は不明なのですが、形式からするとこれも川柳の一つでしょう。

このような夫婦は、喧嘩をした後は、かえって夫婦仲が良くなるようです。

「子は鎹《かすがい》」とか「縁の切れ目は子でつなぐ」というように、子どもは夫婦の仲をつなぎ止める鎹のような存在なので、夫婦仲が悪くても子どもができればまだ大丈夫ということを表しているのでしょう。

夫婦仲が悪くても子どもができるのは、こんなことわざも関係あるのかもしれません。

夫婦喧嘩は寝てなおる

夫婦喧嘩は一晩越せば収まるからほっときなさい。

夫婦喧嘩と北風は夜凪《よなぎ》がする

北風が夜になると静まるように、夫婦喧嘩も夜になれば収まってしまうもの。

お前百までわしゃ九十九《くじゅうく》まで

夫婦仲良く元気で長生きしましょう

意味　「お前」は妻、「わし」は夫を指すのかと思いきや、「お前様」や「お前さん」のように「お前」は妻が夫を呼ぶ語、「わし」は「わたくし」が短くなったもので、女性が親しい相手に対して用いた語、つまり、夫婦が仲むつまじく共に元気で長生きできるようにとの願いを、女性の

立場から言ったものとされています。

この後に、「共に白髪《しらが》の生えるまで」と続けたものが、日本各地にある民謡の歌詞の一節になっています。

ちなみに、結婚式で謡われる謡曲『高砂《たかさご》』に登場する老夫婦は、結納の品として贈られる高砂人形のモデルになっています。この人形は長寿と夫婦円満の象徴で、尉《じょう》（老翁《ろうおきな》＝男の老人）が持つ熊手（九十九まで）で福をかき集め、姥《うば》（年を取った女）が持つ箒《ほうき》（掃く＝百）で厄を祓《はら》う、つまり、厄を祓い福を招き寄せることを表しているそうです。

不和

夫唱婦随ですね（第一段階）

雌鶏《めんどり》勧めて雄鶏《おんどり》時を作る

意味 鶏は別名、時告《ときつ》げ鳥ともいい、鶏が鳴いて夜明けの時を知らせることを、時を作るといいます。雄鶏が雌鶏に「あなた、夜が明けましたよ」と勧められて時を告げる意で、妻の意見に夫が従うことのたとえです。

こんなことわざもあります。

妻の言うに向こう山も動く

向こうの山でさえ妻が言えば動いてしまうほど、夫にとっては妻の意見が大きな影響力を持っている。

まだ夫唱婦随ですね（第二段階）

雌鶏《めんどり》につつかれて時をうたう

意味 雄鶏が雌鶏に口ばしでつつかれて、慌てて時を告げる意で、夫が妻の言いなりになることのたとえです。

鶏にこのような習性があるかどうかは不明ですが、「つつく」には、鳥がくちばしで突くことのほかに、人がある行動をとるように働きかけるという意味がありますので、これを雌鶏が雄鶏をつつくことにたとえたのでしょうか。

婦唱夫随へと変わりました（第三段階）

雌鶏《めんどり》うたえば家滅ぶ

意味 雌鶏うたうとは、雌鶏が雄鶏よりも先に時を告げることで、雌鶏が雄鶏の代わりに時を告げるようになるのは不吉の前兆で、そうなるとその家は滅ぶという俗信から、妻の勢力が増して夫が妻の尻に敷かれるようになると、遂には家庭が崩壊するというたとえです。

これは封建時代の古い考え方ですが、面白いたとえなので取り上げてみました。

江戸時代の国語辞書『諺苑《げんえん》』に、「牝鶏《めんどり》うたへば家亡《ほろ》ぶ　牝鶏時をつくると云《い》ふ」とあり、「**雌鶏時を作る**」ともいいます。

ちなみに、中国では「**牝鶏晨《ひんけいあした》す**」といいますが、牝鶏は雌鶏、「晨す」は夜明けの時を告げ

ることで、雄鶏が鳴いて知らせるべき夜明けを雌鶏が告げることから、女性が勢力を振るうたとえで、女性が男性を差し置いて権勢を振るうのは、家庭や国を滅ぼすもととなるという古い考えのたとえです。

西洋でも**「雌鶏が雄鶏より大きな声で鳴く家は哀れだ」**といいますが、世界中に同じようなことわざがあります。

男の浮気心は年を取ってもおさまらない

頭禿《は》げても浮気はやまぬ

意味 男は年を取って頭の毛はなくなっても色欲はなくならず、浮気心はおさまらないもの（だそうです）。**「年は取っても浮気はやまぬ（続けて「雀《すずめ》百まで踊り忘れず」）」**ともいいます。

面白い表現なので取り上げましたが、浮気がどれくらい離婚の動機になっているのか気になったので調べてみました。司法統計年報平成二七年度版によると、妻の動機のうち夫の浮気（異性関係）は五番目に多く、夫の動機も妻の浮気（異性関係）が五番目でした。ちなみに、男女とも一番の動機は性格の不一致でした。

妻の浮気を皆知っているのに

知らぬは亭主ばかりなり

意味 女房の浮気を周囲の者は皆知っているのに、当の亭主だけが知らないでいること。また、身近なことを当人だけが知らずに平気でいるのを哀れんだり、からかったりして言う言葉でもあります。

これは、江戸時代の川柳集『柳多留《やなぎだる》』にある、「店中《たなじゅう》で知らぬは亭主一人なり」という句を改作した、「町内で知らぬは亭主ばかりなり」からできたことわざです。

店は商家、または借家のことで、店中は商家の使用人みんな、または借家が連なった長屋の住人（店子）みんなのことなのですが、浮気をしたのは呉服問屋のような商家の若奥さん、長屋の大家の奥さんでしょうか。

このことわざは落語にも出てきますが、昔読んだ古典落語の本に登場した奥さんは商家の若奥さんでした。

西洋では**「主人は家の恥を最後に知る」**といいますが、日本のことわざは川柳からできているので、面白味を含んでいるのですが、こちらはちょっと哀れで切ない感じがします。

金の切れ目が縁の切れ目

夫婦喧嘩《げんか》も無いから起こる

意味 現実にお金がなくて生活が苦しくなると、しなくてもいい夫婦喧嘩が起こるもの。**「夫婦喧嘩と稲の悪いはねえから」**（「ねえから」は金が無いからの意）ともいいます。

逆に、お金はあればあったで、その使い道で夫婦喧嘩をすることもあるでしょうから、結局、夫婦喧嘩は金があってもなくても起こるもの、ということです。

このことわざとは反対に、夫婦喧嘩が多いと貧乏になる、ということわざもあります。

夫婦喧嘩は貧乏の種蒔《ま》き

夫婦喧嘩は貧乏の元

始終、喧嘩をしているような夫婦は、不仲が夫の道楽や妻の浪費を招くので貧乏の元になる。

愛さえあればといっても……

愛想《あいそ》尽《づ》かしは金から起きる

意味 女性が男性に愛想を尽かし、手を切ろうとしたり離婚したりするのは、金銭が原因となることが多いということ。

現代で、女性の離婚の動機で二番目に多いのはこの金銭の問題で、まさに、**「金の切れ目が縁の切れ目」**ということです。

西洋では**「貧乏が戸口から入って来ると愛は窓から逃げ出す」**としゃれた表現をしています。

ちなみに、愛想がとことん尽きることを**「愛想も小想《こそ》も尽き果てる」**といいます。

離別

離婚するのは仕方のないこと

夫婦は合わせ物離れ物

意味 別々の物を合わせた物は離れてしまうことがあるのは当然で、夫婦はもともと他人同士が一緒になったのだから、別れることがあっても仕方がないし、不思議なことでもない、ということ。**「合わせ物は離れ物」「夫婦は他人の集まり」「会うは別れの始め」**ともいいます。

夫婦はそれぞれ別の家で生まれ、異なる環境で育ったのですから、考え方や意見の違いがあるのも当然で、他人同士が一心同体の夫婦となるのは難しいものです。

覆水盆《ふくすいぼん》に返らず

一度別れたらもとどおりにはならない

意味 一度こぼれた水を、再び盆（大皿や洗面用の平たい水鉢）に戻そうとしてもできないことから、一度してしまったことは取り返しがつかないこと。このことわざには、夫婦は一度別れたらもとどおりにはならない、という意味もあります。

これは、中国の周の時代、太公望《たいこうぼう》（呂尚《りょしょう》の尊称）が出世すると、すでに離縁し去っていた元妻が復縁を求めてきたが、太公望は盆に入っている水をこぼし、これをもとに戻すことができたら望むとおりにしようと言って復縁を拒んだ、という故事から生まれたことわざです。ちなみに、釣りをする人、釣り好きな人を太公望というのはこの人が由来になっています。

英語では"It is no use crying over spilt milk."**（こぼれたミルクのことを嘆いても始まらない）**といいます。

男鰥《おとこやもめ》に蛆《うじ》がわき女寡《おんなやもめ》に花が咲く

別れた二人のその後

意味 世話をしてくれる妻のいない男独りの家は蛆がわくくらい汚くなり、身だしなみも不潔になるが、それに比べて夫を失った女性は以前よりも身ぎれいになり、世の男にもてはやされ、花が咲いたように華やかになる。**「男鰥に雑魚《ざこ》たかる」「後家《ごけ》花咲かす」**などともいいます。

「やもめ」の語源は諸説あり、「やも」は「病む」または「止む」の意味という説、また、一人で家を守る人という意味で「屋守」とする説などがあります。「め」は「女」のことで、本来、夫のいない女、夫を失った女のことを「やもめ」といい、妻を失った男、妻のいない男は「やもお」といったのですが、のちにどちらも「やもめ」といい、現在は主に配偶者と別れた人に対して使います。

ところで「鰥」という漢字、なぜ魚偏で右側の旁《つくり》「眔」はどういう意味の字なのでしょう。

コイ科のハクレン、ボウウオという魚の名でもありますが、実はとても面白い字で、旁は「目」を表した「罒」の下に涙が点々と流れ落ちる形を描いた字で、これに魚偏を加えて、魚のように丸い目をして涙を浮かべている男やもめを表したものなのです。

その姿が目に浮かんでくるような面白い字ですが、どういう状況でこの字を創造したのか、そういう人の姿を見て実際に描写したのか、作者に一度お聞きしたいものです。

一方の「寡」は、家の中に人がぽつんと独りでいることを表した字で、「寡婦《かふ(やもめ)》」が夫を失って家に独りきりになった女性のことをいいます。

再婚する女性へ

往《い》に跡《あと》へ行くとも死に跡へ行くな

意味 往に跡は先妻と離婚した後、死に跡は先妻と死別した後のことで、先妻と離婚した後へ嫁ぐのはいいが、妻と死に別れた男性には亡き妻への愛情が残っていて、なんだかんだと比較されたりして苦労するから、後妻として嫁ぐものではない。**「去り跡へ行くとも死に跡へ行く**

な」「出た跡へは行っても死んだ跡へは行くな」ともいいます。

ちなみに、「往ぬ」は「去ぬ」とも書き、行く、去る、時が過ぎ去る、死ぬ、腐るという意味ですが、関西地方では「そろそろ帰る」を「そろそろ往ぬわ」と言ったりします。

（一部の）人はしみじみとこう言う

添わぬうちが花

意味 結婚して一緒に生活してみると、それまで知らなかった欠点が目について、ちょっとしたことでいさかいをするようになってしまう。結婚する前が一番楽しい時期である。

西洋では**「大人になることと結婚を望んでみんな後悔する」**というのも面白いです。

この「○○が花」は、○○が最も良い時期という意味ですが、**「待つうちが花」**や**「見ぬが花」**も、「あれこれ想像して、いろいろ期待に胸を膨らませていたけれど、現実になってみるとそうでもなかった。だから想像している間が一番楽しい」という意味です。皆さんも経験がありませんか？

親と子

親は子の健やかな成長を願い、
子は自分が親になって
ようやく親の苦労を知り、
その恩に報いようとします。
親が子を思う気持ち、子が親を思う気持ち。
どちらもよくわかります。

子は宝

子に過ぎたる宝なし

子はどんな宝より貴《とうと》い

意味 子どもはどんな宝より大切である。「**子に勝《まさ》る宝なし**」「**千の倉より子は宝**」「**財宝より子宝**」「**千両子宝**」など、多くのことわざで表現されています。

『万葉集』に、子どもはどんな宝よりも大切で価値のあるものであるということを詠んだ山《やまの》上《うえの》憶良《おくら》の短歌があります。

銀《しろかね》も金《くがね》も玉《たま》もなにせむに
勝《まさ》れる宝子に及《し》かめやも

（銀も金も玉も、そんな宝は何の足しになろうか、この世の中で勝る宝といえば、子どもに及ぶものがあるだろうか）

ことわざと同じ言葉は、平康頼《たいらのやすより》編の仏法説話集『宝物集《ほうぶつしゅう》』に見られます。

只人《ただびと》の身には子に過ぎたる宝なし

（常人の身にとっては子に勝る宝はない〈只人〉は常人、僧に対して俗人）

鎌倉時代の軍記物『平家物語』にもこの言葉が見られますので、この頃にはことわざとして用いられるようになっていたのかもしれません。

昔から子どもは大切なものと考えられていた

わけですが、子どもの数が減っている現代は、ただ親や家族の宝であるだけではなく、社会の宝といえます。

我が子ほどありがたいものはない

持つべきものは子

意味 他人なら決してしてくれないようなことも、我が子ならばしてくれる。やはり、子は持つべきもので、我が子ほどありがたい存在はない。

室町時代に作られた謡曲『苅萱《かるかや》』（筑紫の加《か》藤《とう》左《さ》衛《え》門尉《もんのじょう》繁氏《しげうじ》が出家して苅萱道心と名乗り高野山にこもっていたが、高野山を登り訪ねてきた子の石童丸《いしどうまる》に会いながら、師・法然《ほうねん》との誓いを守るため親子の名乗りを思いとどまるという物語）に、この言葉が見られます。

また、江戸時代の浮世草子《うきよぞうし》『浮世親仁形気《うきよおやじかたぎ》』ではこんなふうに表現されています。

野《の》でも山でも持つべきものは子なりけり

この一文も、「**野でも山でも持つべきものは子**」として、たとえ野や山に住んだとしても、どんな場合にも、我が子は頼りになるものだ、ということわざになっています。

子宝に恵まれるなら三人がいい

三人子持ちは笑うて暮らす

意味 子どもは三人くらいがちょうどよく、幸せな暮らしができるということ。

三人がちょうどいいという考えは、多くのことわざで表されています。

子三人子宝

子どもは多すぎると養うのが大変だから、三人ぐらいが子宝というのにふさわしい。

多し少なし子三人

子ども三人は、多いようでもあり少ないようでもあるが、三人くらいがちょうどよい。

子ども三人　世は八月　いつも半麦　月の世に

子どもの数は多からず少なからずの三人、陰暦八月のような気候で、明るい月夜が続く毎日、麦だけの飯ではなくて半分は白米の入った半麦の食事、このような生活が理想的だ。

足らず余らず子三人

収入は多すぎず少なすぎず、子どもは三人という暮らしが理想的、また、単に、子どもの数は三人ぐらいが理想的だ。

貸さず借りず子三人

他人に金を貸すことも借りることもしないで、子どもが三人いれば気楽に幸せな生活をすることができる。

負《お》わず借《か》らずに子三人

借金がなくて、子どもが三人ぐらいいるのが幸せな家庭である。

これらのことわざは明治頃まで使われていたものですが、現代人がどのくらいの数の子どもを望んでいるのか気になったので調べてみたところ、国立社会保障・人口問題研究所の二〇一五年の調査では、夫婦に尋ねた理想の子どもの数は平均二・三二人でした。平均して二人以上ということは、具体的な数字はわからないのですが、現代でも昔と同じように三人、それ以上の人数を望む夫婦がいるということです。

子どもは三人で順番は男・女・男が理想的

後前《あとさき》息子に中娘《なかむすめ》

意味 子を持つなら三人がよく、最初と末の子が男、真ん中の子が女というのが理想的である。

最初に男というのは、やはり跡継ぎとなる男の子がまず欲しいということでしょうか。

ちなみに、「**一姫二太郎**」は、子どもを持つには最初は育てやすい女の子で、次に男の子がよい、と子どもを授かる理想的な順番をいったものですが、最初に生まれる子は後継者となる男の子を望んでいたのに、女の子が生まれて失望しないように慰めの意味でも使われます。子どもは女の子が一人、男の子二人が理想的な子どもの人数だという意味でも用いられますが、本来の使い方ではないとされています。

子育て

子どもはこうして育つ

寝る子は育つ

意味 よく眠る子は健康な証拠で、そういう子は丈夫に育つということ。「**寝る子は達者**」「**寝る子は息災**」（息災とは病気をしないで元気なこと）などともいいます。

よく知られていることわざの一つです。幕末以前のことわざ集には収録されていませんが、古くから民間で言われてきたもので、明治以降の各地のことわざ集に記録されています。

子どもはこうして育つということわざは、ほかにもよく知られているものや、あまり知られていない面白いものがあります。

泣く子は育つ／赤ん坊は泣き泣き育つ／子どもは泣くのが商売／屁《へ》を放《ひ》る子は育つ／屁を放る子は息災／洟《はな》垂らし子は頑丈／洟垂らし子はまめ（まめとは体が丈夫なこと）

昔は冬でも洟垂れ小僧が元気に遊び回っていましたが、いつの頃からか見かけなくなってしまいました。

子どもの成長を願う親心

這《は》えば立て　立てば歩めの親心

意味 親は生まれた子が這うようになれば、早くつかまり立ちができるようにならないかなと思い、立てば早く歩くようにならないかなと思うものという、子どもの健やかな成長を願う親の気持ちを表したことわざ。

これは江戸時代の川柳集『柳多留《やなぎだる》』に載っているものですが、それ以前から「這えば立て立てば歩め」の形でよく使われていたようです。この川柳よりも前にまとめられた俳文俳諧集『類柑子《るいこうじ》』にこんな歌があります。

這へば立て立てば歩めと思ふにぞ
我身につもる老《おい》をわするる

（這えば立て　立てば歩めと思うにつけ　我が身に寄る年波を忘れてしまう）

この句をまねてできたのか、江戸時代のこと

わざ集に面白いものがあります。

這えば立て立てば歩めと思ふ孫　我身の年の寄るを厭《いと》はで

我が身に寄る年波も気にせずに孫に這えば立て立てば歩めと思い願う。

これらは、親ではなく祖父母が孫の成長を願っているものですが、孫というのは寄る年波を忘れさせてくれる存在のようです。

親は期待していたのに

十《とお》で神童《しんどう》　十五で才子《さいし》　二十《はたち》過ぎれば只《ただ》の人

意味　子どもの頃に神童と評判の高かった人も、成長するにつれて並みの秀才となり、大人になる頃には普通の人と同じになることが多いということ。**「六歳の神童　十六歳の才子　二十歳の凡人」**ともいいます。

周りから神童と呼ばれ親も期待していたのに、小さい頃は同年代の子より優れているように見えても、成長するにつれてごく普通の人になってしまうのはよくあることで、逆に、「昔悪童　今先生」（ことわざはありません）のように、小さい頃は悪童と呼ばれあまり期待されていなかった人が、学校の先生になる、社長になるということもあります。

西洋には**「五歳で大人並みの子が十五歳で馬鹿になる」**という似たことわざがあります。

かわいい子には旅をさせよ

我が子にさまざまな経験をさせる

意味 親は子どもをつい甘やかしがちになるが、我が子が本当にかわいかったら、親の手元から離して世の中のつらさや苦しさを経験させることが大切だ。

「旅」は、自分の住んでいる土地を離れてよその土地を訪ねる、いわゆる旅行をすること、そして、自分の育った家を離れ、普段の生活とは異なる環境で生活する、つまり世間に出てさまざまな経験を積むことでもあります。

このことわざは古くから使われていて、『北条氏直時代諺留《ほうじょううじなおじだいことわざとめ》』（一五九九年頃）の中に、「かわゆき子には旅させよ」とあります。

浅井了意《りょうい》作の江戸から京都までの道中記『東海道名所記』には、

いとほしき子には旅をさせよといふ事あり。
万事思ひしるものは旅にまさる事なし。

とあります。「万事思い知る」というのは、世の中のつらさや苦しさを経験するだけではなく、「旅は道連れ世は情け」「旅は情け人は心」というように、旅は人の心が頼りとなり、世を渡るには互いの思いやりが大切だということも、身に沁《し》みて理解することができるということでしょう。

ちなみに、「旅は憂《う》いものつらいもの」は、昔の旅は修行の場ともいわれるほど、大人でも何かと苦労が多くつらいものだということですが、旅はただつらいだけではなく食べる楽しみ

もあるということを、これをもじって「**旅は食いもの食らいもの**」といいます。

甘やかすのは子どものためにはならない

親の甘茶《あまちゃ》が毒となる

意味 親が子どもをちやほやと甘やかして育てることは、その子の将来のためにならず、むしろ害を及ぼすことになる。子どもを甘やかして育ててはならないという親への戒めで、「**親の甘いは子に毒薬**」ともいいます。

親ではなく、祖母が甘やかして育てると次のような子に育つということわざもあります。

あいだてないは祖母《ばば》育ち

「あいだてない」は勝手だ、無遠慮だという意味で、祖母に育てられた子は、わがままで無作法だ。

祖母《ばば》育ちは三百安い

祖母に育てられた子はほかの子どもに比べて劣って見え、世間での評価も低くなってしまう。「三百安い」は昔のお金で銭三百文《もん》安い、つまり、値打ちが低いということ。

叱るのも必要だが繰り返し教えることが大切

一度教えて一度叱れ

意味 子どもは間違えながら成長するものだからいきなり叱るのではなく、繰り返し教えることが大切で、叱るのはたまにでよいという教え。

また、「**三つ叱って五つ褒め七つ教えて子は育つ**」ということわざもあります。これは、子どもは厳しく育て、甘やかしてはいけないという考え方に対して、褒めること、教えることの重要性を説いた、現在でも通用する子どもの教育についての心構えです。

親の苦労

子宝脛《すね》が細る

子は宝でも育てるために苦労する

意味　親にとって子は宝といっても、育てるために親はいろいろ苦労する。

「脛」は、労働によって金を生み出すもとという象徴的な意味を持つ語で、「親の脛をかじる」は、子どもが独立して生活できず、親に養ってもらう、親に経済的な面倒をみてもらうことを表しています。子どもが多かったり、大きくなっても自立できない子がいたりすると、親は脛を

かじられ、脛は細るばかりです。

母が痩《や》せると子が太る

細るのは脛だけではない

意味 子どもが成長するのは、母親が痩せ細るほどのつらい思いをし、我が身を削るような苦労をしたおかげである。

「痩せる」というのは文字どおり肉が落ちて細くなるのと、身を削るような苦労をする、痩せ細るほどのつらい思いをすることで、「太る」は体重が増える、育って大きくなる、成長して大人になることを意味しています。

西洋では**「子を持つ者は自分の食べ物もままならぬ」**といいます。

母親が自分の食事を我慢して、子どもに食べさせる光景が目に浮かびます。

娘三人持てば身代《しんだい》潰《つぶ》す

娘が三人いると破産する

意味 「身代」は財産のことで、娘が三人いるとその嫁入り支度で財産を使い果たしてしまうということ。

娘を養育して結婚させるのはそれほど多くの費用がかかり、親も大変な思いをするということで、表現は異なりますが、昔からさまざまな地方で言われてきました。

娘三人あれば竈覆《かまどかえ》す（「竈を覆す」は破産するの意）／**娘三人くれると竈の灰までなくなる**／**娘三人持つと屋根棟《むね》が落ちる**

「娘の子は強盗八人」（娘を持つことは八人の強盗に入られるようなものだ）というのもありますが、西洋にも「二人の娘と裏口は三人の大泥棒である」という似たことわざがあります。

子に泣かされること数知れず

子を持てば七十《しちじゅう》五《ご》度《たび》泣く

意味 子を持って親となれば、子のことで心配したり苦しんだりして、泣くことが限りなく多い、それほど子を育てるのは大変だということ。

このことわざは江戸時代の滑稽本《こっけいぼん》『浮世風呂《うきよぶろ》』第三篇女湯の中で、ある母親の会話に出てきます。

『浮世風呂』は式亭三馬《しきていさんば》作で、江戸庶民の社交場であった銭湯に集まる客の会話を通じて、世相・風俗を描いた作品で、面白い会話なので長めに抜粋してみました（読みやすいように現代仮名遣いに変えています）。□△は原文にあるもので名前の代わりに使われているものです。

□「子を持てば七十五度泣くというが、あの野郎にかかっては、何百度か数がしれねえわな」

△「息子だと思うから悪い。ホトトギスだと思っていなせえ」

□「なぜ」

△「八千八声鳴くというから」

□「あの野郎じゃねえ、こっちが泣くのだわな」

子は親を一生束縛してしまう

子は三界《さんがい》の首枷《くびかせ》

意味 子は三界にわたって親の自由を奪う首枷のような存在である。つまり、親は子どものことにとらわれて、一生束縛されてしまうということ。

「三界の首枷」は、この世の苦悩から逃れることを妨げるもの、過去・現在・未来にわたり自由を束縛するものという意味で、古くは「親子は三界の首枷」といいました。

「三界」というのは、この世に生を受けたすべての生き物、特に、人間が生まれ、また死んで往来する世界、過去、現在、未来のことで、すべての世界、いくつになっても、どこへ行ってもという意味で用いられます。

「首枷」は罪人の首にはめて自由を束縛する木や鉄でできた刑具で、人の自由や行動を束縛するもの、絆《きずな》という意味で用いられます。絆は家族など人と人との結びつきをつなぎ止めているもののことですが、「絆《ほだ》し」も「首枷」と同じ意味で、このことわざは「子は浮き世の絆し」ともいいます。

西洋では「子どもは幼《よう》にしては母を吸い、長じては父をかじる」といいます。

子がいてもいなくても嘆き苦労する

子は有るも嘆き無きも嘆き

意味 子があればあったで苦労の種となり、無ければ無いでその寂しさを嘆く種になる。

このことわざは鎌倉時代に書かれた『源平盛

哀記』の「丹波少将召捕らるる事」にあり、続きを読むとその意味も語られています。

子は有るも歎《なげ》き無きも歎きと云《い》ひながら、無きはほしと楽《ねが》ひ思ふばかりなり、有りては旁《かたがた》煩ひ多し。

(子どもはあればあったで嘆き、いなければいないで嘆くというけれど、無ければ欲しいと願い思うだけだが、あればあれやこれやと苦労や心配が多い。)

これと同様のことわざですが、子どもや金はあればあったで苦労が絶えないし、無ければ無いで苦労するものだということを、**「有っても苦労　無くても苦労」**といいます。

親の心　子知らず

親の気持ちも知らずに子は勝手なことばかりする

意味 子のためを思う親の愛情や苦労がまったくわからずに、子どもは勝手なことをするものだ。

「育てるためにこんなに苦労しているのに子どもは遊んでばかり」「将来のことを心配しているのに少しもわかってくれない」等々、例を挙げたら切りがありません。

「親の心　子知らず」と思う親は多いのでしょう。こんなものもあります。

親の思うほど子は思わぬ

親が子を思うほどには子は親を思わない。**「親の思う子半分」**ともいう。

親煩悩《ぼんのう》に子畜生《ちくしょう》

親は子を深く愛するのだが、子がいっこうにそれを感じない。

とはいうものの、子どもはいずれ親の愛情や苦労を知る時がやってきます。

このことわざは、親と子の場合だけでなく、目上の人や上司、先生など、親身になって世話をする人を親にたとえて用いることもあります。

親は成長していく子の気持ちを理解できていない

子の心　親知らず

意味 親は子の本当の心を知っていないということ。親は子が大きくなってもいつまでも幼いと思っているので、自分の子どものことをよく知っているつもりでも、子どもがどんどん成長していることを認識せず、子どもの気持ちや考え方を理解できていないもの。

子どもは親が思っている以上に日々成長し、自分なりにさまざまなことを考えているもので、親が子どもの本当の気持ちを理解していなかったことを知った時は悲しく思うかもしれませんが、子どもの成長を感じるのは嬉しいものです。

親の愛

親の意見は後でじんわりきいてくる

親の意見と冷や酒は後できく

意味　冷や酒は初めは酔わないが、後からじわじわ酔いがまわるように、親の意見もその時は理解できなかったことも、時間がたてばしみじみわかってくるもの。**「冷や酒と親の意見は後の薬」「灸《きゅう》と親の意見は後の薬」**ともいいます。

親が子どものことを真剣に考えて子にする意見を、子どもはうるさく思って聞こうともしなかったり、聞き流したりしますが、後になって「そういうことだったのか」と理解して、親のありがたさがわかるものです。

子を思ってする親の意見に無駄なものはない

親の意見と茄子《なす》の花は千に一つも無駄はない

意味　茄子は花が咲くと必ず実を結んで無駄がないように、子どもの将来を思って親が子にする意見には何一つ無駄がなく、すべて子どものためになる。だから子どもは親の意見をしっかり聞きなさいという教え。

自分は親として無駄のない意見を子どもにしてあげられただろうか、と考えると耳が痛い言葉です。

「親の意見と茄子の花は千に一つの仇《あだ》はない」

ともいいますが、「仇」は「徒」とも書き、実を結ばない「徒花《あだばな》」のことです。

このことわざは、島根県の民謡『安来節《やすぎぶし》』など各地の民謡の歌詞にあります。

他人の飯を食わねば親の恩は知れぬ

親元を離れてありがたさを知る

意味 「他人の飯を食う」というのは、親元を離れて他人の家に寝泊まりして食事の世話を受ける、他家に奉公などして、多くの人の間でもまれて実社会の経験を積むことをいい、親元を離れて他人のところで生活し、飯のおかわりにも遠慮するような苦労をしてみて、やっと親のありがたみがわかるということです。

「他人の飯には骨がある」ということわざもありますが、これは、他人の家で食べる飯にはのどに引っかかる骨が混じっているようで食べにくい。親切にしてくれても所詮《しょせん》他人は他人であって、居候や奉公人の気苦労やつらさをいったものです。

子を持って知る親の恩

自分が親になってありがたさを知る

意味 自分が親となり子育ての苦労を経験して、初めて親の偉大さ、ありがたさがわかり、親の恩をつくづく感じる、ということで、「子を育てて知る親の恩」「親の恩は子を持って知る」ともいいます。

美人画で知られる竹久夢二の随筆集『砂がき』

には、

　子を持って知る親の恩、こういう言葉でも、
　恩という字を苦労という字に置き換えて考え
　ると、実にもっともだと思う。

とあります。このように、自分が子どもの時に両親の苦労を目にしていたはずなのにまったくそれに気がつかず、自分が親になって、「子どものために父親も母親もこんな苦労をしていたのか」と初めて気づく人が多いのでしょう。

子が親を思う以上に親は子を思っている

親思う心にまさる親心

意味 子が親を思う心よりも、親が子を思いやる心のほうがはるかに深いということ。「子が思うより親は百倍思う」ともいいます。

これは幕末の長州藩士・吉田松陰が、一八五九年二十九歳で処刑された際、親に残した辞世の句、

　親思ふ心にまさる親心
　　けふのおとづれ何ときくらん

から生まれたことわざです。「けふ」は今日、「おとづれ」は便り・知らせのことで、「今日の処刑の知らせを聞いた親はなんと思うだろうか」という意味ですが、自分を育ててくれた親の深い恩に対する感謝の念と、自分が先に死んでしまうことの申し訳なさを伝えています。

親への恩返し

烏《からす》でさえ親孝行するのだから……

反哺《はんぽ》の孝《こう》

意味　「反」は返す、「哺」は口中の食べ物のことで、烏は幼い時に親が口移しで餌を与えてくれた恩を忘れず、成長すると、老いた親烏に食べ物を口移しで与えて養うということから、親を養い恩返しをすること。

烏でさえ親の恩に報いるのだから、まして人は孝行しなければならないということで、**「烏は親の恩に報いる」「烏は親の養いを育み返す」「烏に反哺の孝あり」**などともいいます。

また、礼儀を尊《とうと》び、親孝行をしなさいという意味で、**「鳩《はと》に三枝《さんし》の礼あり　烏に反哺の孝あり」**ともいいます。「鳩に三枝の礼あり」は、鳩の子は、親の止まっている木の枝より三本下の枝に止まって礼節を守るということで、単独でも使われます。

自分の子への愛情と同じ心で親に尽くす

子にすることを親にせよ

意味　自分の子どもを持って初めて親のありがたさがわかったなら、自分の子に対して深い愛情を持って接するのと同じ心で親にも尽くしなさいということ。**「子ほどに親を思え」**ともいいます。

これが親孝行というものですが、ここで、「孝」

という字を見てみてください。

「子」という字があるのはすぐにわかりますね。「耂」はどういう意味の字でしょう。この字は、年寄りが腰を曲げて杖《つえ》をついた様子を描いた「老」の省略形で、これに「子」を加えることで、子が年老いた親を大切にすることを表していま す。私はこの字を見るたびに、子が杖の代わりに親をおぶって歩いているように見えます。

笑顔で接するのも親孝行

親には一日に三度笑って見せよ

意味 親に孝行しようと思ったら、親にいつも笑顔で接するのも大切な親孝行の一つである。

このことわざは、鎌倉時代の僧・日蓮が書き遺《のこ》した遺文の中にある、

父母に孝あれとは、たとひ親はものに覚えずとも、悪《あし》ざまなる事を云《い》ふとも、聊《いささ》かも腹も立てず、誤る顔を見せず、親の云ふ事に一分も違《たが》へず、親に良き物を与へんと思ひて、せめてする事なくば、一日に二三度えみて向かへとせ也。

（父母に孝行あれということは、たとえ親がものの道理をわかっていなくても、また悪意をもって言うようなことがあっても、少しも腹を立てたり気分を悪くした顔を見せず、親の言う事に一分も逆らうことなく、親に良い物を与えようと思うことであり、せめて何もする事がなければ、日に二、三度は笑顔を見せて向かうようにせよということである。）

からできたと考えられます。

親孝行をしようと思ったら、まずやさしい笑

顔で親に接してみる、それがどんな贈り物より親は嬉しいものかもしれません。もし親と離れて暮らしているなら、電話で「今日の調子はどう?」などとやさしく声をかけてあげるだけで、親は嬉しいものなのです。

親が生きているうちに孝行しなさい（その一）

孝行のしたい時分《じぶん》に親は無し

意味 親孝行をしなければならないと思っていても、親の元気なうちにはできず、親が亡くなってから初めて親のありがたみを実感して、親の生きているうちに孝行しておけばよかったと、後悔し嘆くこと。親孝行というものは、親を失う前にしておかなければならないものだという戒めでもあります。

これは江戸時代の川柳集『柳多留《やなぎだる》』にある川柳なのですが、多くの人の共感を得て、幕末にはことわざとしてほぼ定着しました。

親が生きているうちに孝行しなさい（その二）

石に布団は着せられず

意味 石とは墓石のことで、親が亡くなった後で墓石に布団をかけて大事にしても親孝行にはならないし、これから孝行をしようと思ってもどうにもならないということ。「**孝行のしたい時分に親は無し**」とともに用いられることも多いことわざです。

私の父は若くして急逝したのですが、存命中には迷惑しかかけず親孝行らしきことは何一つできなかったので、これらのことわざが身に沁《し》みています。

親が生きているうちに孝行しなさい（その三）

樹《き》静かならんと欲すれども風止まず

意味　風で揺れている樹木が静かになろうと思っても、風が止まないうちはどうにもならないように、子が親孝行をしようと思う頃には、親はすでにこの世におらず、どうすることもできない。親が生きているうちに孝行せよという戒めとして、また、物事が思いのままにならないことのたとえとしても用いられ、「風樹《ふうじゅ》の歎《たん》」ともいいます。

中国の『詩経』の解説書『韓詩外伝』には、これに続けて、

子養わんと欲すれども親待たず。往《ゆ》きて見るを得べからざる者は親なり。

（子が親に育ててもらった恩返しのために孝行をしようと思っても、親はそれを待ってくれずあの世に行ってしまう。あの世に行ってしまって二度と会えないのは親である。）

とあり、「子養わんと欲すれども親待たず」も、親が生きているうちに孝行せよという戒めとして用いられます。

日本では、天台宗の祖・源信《げんしん》作の『往生要集《おうじょうようしゅう》』の中に、「樹静かならんと欲すれども風止まず　子養わんと欲すれども親待たず」の一文があります。

自分の子を立派に育てることで恩に報いる

親の恩は子で送る

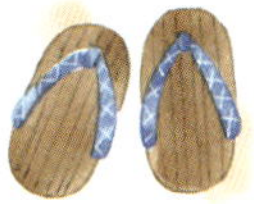

意味

「送る」は、報いる、償うことで、両親から受けた恩は、自分の子を育てることによって報いることができる。親への恩返しは親がいるうちにすべきものですが、親がすでに亡くなり直接恩返しできなくても、自分の子を立派に育てることで親から受けた恩に報いることができる、ということで、**「親の恩は次第《しだい》送り」**ともいいます。

親が亡くなって直接恩返しができなかったとしても、自分が健康であり、子どもをしっかり育てることで、亡くなった親もきっと喜んでくれるのではないでしょうか。

嫁と姑

昔から難しい関係にある嫁と姑。
この関係は今の時代もさほど変わらないようです。
ことわざはそれぞれの立場と思いを明確にしてくれます。
より良い関係を築くヒントがあるかもしれません。

相《あい》容《い》れない仲

仲がうまくいくのは初めの一時だけ

嫁と姑も七十五日《しちじゅうごにち》

意味 嫁と姑は、初めこそうまく折り合うが、日がたてば不仲になるものだ。

「人の噂《うわさ》も七十五日」をもじったようなことわざですが、「七十五日」というのは、しばらくの間、そう長くない期間のたとえで、どこの家でも嫁を迎えた当初は、姑も嫁を大事にして最初はうまくいくが、それも一時のことで、日がたつとだんだん仲が悪くなってしまうものだということ、また、最初はぎこちない関係でも、日がたてば慣れるという意味もあります。

「七十五日」を使ったことわざはほかにも、**「初物七十五日」**（初物を食べると長生きするという日数）などがあります。「五十日」のようなきりのいい数字ではなく、なぜ「七十五日」としていることわざが多いのか理由は明らかではありませんが、「七十五日」はおよそ二ヶ月半なので、一つの季節が始まって終わる長さ、季節の移り変わりに関係があるのかもしれません。

嫁を褒めるのも初めの一時だけ

嫁の初褒《はつほ》め七十五日《しちじゅうごにち》

意味 最初のうちは姑も嫁をしきりに褒めたりするものだが、それもやはり一時のことで、日がたてば褒めることはなくなるということ。

七十五日どころか、もっと短いというのを**「嫁の三日誉《ほ》め」**といいますが、どんな意地の悪い姑でも、迎えたばかりの花嫁に、最初から悪口を言ったりいびったりしないもので、褒めることもあるでしょう。

ただ、それもほんの短い期間のことで、**「嫁を教うるは初めにせよ」「嫁は来たときに仕込め」**ということわざのように、姑の嫁への厳しい教育がすぐに始まることもあるので、褒めることはなくなり、嫁の覚えが悪ければ小言も出始めるというわけです。

いがみ合うのは当たり前!?

嫁と姑　犬と猿

意味　嫁と姑は、仲が悪いとされる犬と猿のように、何かにつけていがみ合うように仲が悪いということ。

仲の悪さをいうことわざはいくつもありますが、何が原因で嫁と姑は仲が悪くなるのか、なぜ姑は嫁いびりをするのか、原因はいろいろあるでしょうが、その理由に触れたことわざは見当たりません（それらしきことわざとして唯一挙げられるのが**「姑の仇《かたき》を嫁が討つ」**〈73ページ〉でしょうか）。

ちなみに、仲の良い嫁と姑を、これも仲の良い動物にたとえて、「うきうきと嫁と姑が馬と猿」ということわざに対して詠んだような川柳がありますが、仲の良さそうな二人は川柳に詠まれるほど珍しいのでしょうか。

仲の良いほうが不思議

嫁と姑の仲の良いのは物怪《もっけ》の不思議

意味 「物怪」は意外なこと、不思議なこと、という意味で、姑と嫁の仲が悪いのは当たり前で、仲が良いのは不思議なくらいで大変珍しいこと。**「嫁と姑の仲の良いのは物怪のうち」**ともいいます。

ある地方では**「嫁と姑の仲が良かったら大地（釜）が割れる」**というのですが、嫁と姑が仲の良いのは珍しいどころか、決してあり得ないことのようです。

ちょっとしたことで反目し合う

姑と嫁には火がつく

意味 普段から仲の悪い姑と嫁の間には、いつもいさかいの火種がくすぶっているので、ちょっとしたことでも怒りに火がついて燃え出し、時には爆発し反目し合う。

一度火がついてしまうとなかなか収束せず、完全には鎮火しないでくすぶり続けるので、また、ちょっとしたことで燃え出してしまう、日々がその繰り返しなのでしょう。

仲良くなる時もある

盆三日は嫁と姑仲良くなる

意味 盆の間は親戚が集まったり客人も多かったりして、また、人が皆言行を慎むことから、その間は嫁と姑の仲も良くなる。

盆の間は嫁も姑も忙しくて、仲たがいをする暇もないでしょうから、表向きは仲が良さそうに見えるだけで、一時休戦といったところでしょうか。

嫁は里帰りで束の間の安らぎ

嫁の朝立ち　娘の夕立ち

意味 嫁は嫁ぎ先から実家に帰れるとなると、喜び勇んで朝早くに出かけ、娘に戻って親子水入らずの時間を過ごすことができるが、その娘が嫁ぎ先には夕方になってから足取り重くいやいや戻るということ。

これは、嫁が実家を慕い、嫁ぎ先（姑）を嫌がる気持ちを表しているのですが、次のようなものもあります。

宵の風は母の風　朝の風は姑の風

夕方になって吹き出す風は母のように穏やかで暖かいが、朝吹く風は姑のように激しくて冷たい、と風を母と姑にたとえたもの。

姑も嫁が居ぬ間にほっとひと息

嫁の留守は姑の正月

意味 嫁が外出してそばにいなくなれば、姑もほっとして気が休まって喜ぶ。

姑も四六時中、嫁に目を光らせながら小言を言い続けるのも、さぞお疲れでしょう。

嫁姑の緊張関係を緩和するためには、少しの間でもお互いの距離を置いて、息抜きをする必要があります。

姑が集まってひと息

茶所《ちゃじょ》は嫁そしり所《どころ》

意味 茶所は社寺などで参詣人に茶を接待する休憩所のことで、茶所には老人が多く集まり、「うちの嫁は出来が悪くて」などと、嫁の悪口を言う集会所のようになるということ。

今時は喫茶店に場所を移して、同じような会話が繰り広げられているのでしょうか。

小さな姑との関係

小姑《こじゅうと》一人は鬼千匹に向かう

意味 嫁にとっては小姑（夫の姉妹）の存在も厄介なもので、一人でも鬼千匹に匹敵するほど恐ろしく煩わしいもので、差し障りなく付き合うのは大変なことである。**「小姑は鬼千匹」「姉《あね》姑《じゅうと》は鬼千匹、小姑は鬼十六に向かう」**などともいいます。

小姑は姑の娘だけに、容貌や声はもちろん、口調や口うるさいところまでよく似ているでしょうし、姑の命を受けて嫁の監視役を任されているかもしれません。これと同じようなことが、尾崎紅葉の『二人女房』にありました。

此《この》大姑の上に小姑といふ小附《こづけ》のある重荷を背負はされる御方がある。此小姑が小敵と見て侮るべからずで。姑の隠目附《かくしめつけ》を勤めて。嫁の挙動は細大洩《もら》さず密告する。

こんな小姑がいたら姑が二人いるようなもので、嫁にとっては本当に厄介な存在でしょう。

姑という人

機嫌はすぐに変わる

朝のぴっかり姑の笑い

意味 朝さんさんと日が射して天気が良いのと、姑の機嫌の良い笑顔はすぐに変わるので当てにはできないもの。**「朝日のちゃっかり姑のにっかり（にっこり）」「朝照りと姑婆《ばば》のにこにこ顔は油断すな」**ともいいます。

天候に限らず、なんでも最初に調子の良いものほど警戒しなければならないものです。

機嫌がいいとかえって後が怖い

姑の朝笑い後が怖い

意味 いつも機嫌の悪い姑が、珍しく朝からにこにこと機嫌が良いのを見てほっとしていても、姑の機嫌は変わりやすいだけに、その反動でかえって後のことが怖い。

朝、晴れやかな顔をしていたのに、みるみるうちに雲行きが怪しくなり、いきなり大きな雷が落ちて大荒れになる、まさに嵐の前の静けさなのかもしれません。

また、普段滅多に見せない笑顔の裏には何か下心があって、それを楽しみにしているのかもしれないので、用心しておかなければならない、ということでしょう。

猫撫《な》での姑時々目が変わり

やさしい声をしていても本心は目に表れる

意味

姑が嫁にやさしい声で話すことがあっても、時々目だけは本心を表していること。猫の瞳《ひとみ》が明るさによって大きさが変わることと、姑も時々目つきを変えたりして本心が表れることを掛けています。

これは江戸時代の川柳集『柳多留《やなぎだる》』にある句です。

嫁が姑に教えられたことをうまくできなかった時に、姑は「いいのよ、次はちゃんとやってね」とやさしく言いつつも、目では一瞬、「教えたのになぜちゃんとできないの」と怒りの表情を見せている。まさに**「目は口ほどに物を言う」**(言葉に出さなくても目の表情で相手に伝えることができる、また、言葉でうまくごまかしても目に本心が表れるもの)**「目は心の鏡」**ということです。

姑の涙汁《なみだじる》

嫁のために流す涙はない

意味

「鬼の目にも涙」というように、鬼のような姑も嫁に対して、時には涙を流したり心を動かしたりすることはあるものの、同情の涙は滅多に流さない、ということから、非常に少ないもののたとえ。

少ないどころか、姑には嫁に対してほんの少しの同情心も無いということを、**「姑の涙は無い」**といいます。

姑の十七《じゅうしち》見た者がない

「私の若い頃は」という話は当てにならない

意味

姑は嫁に何かといえば、私の若い頃はこうだったと自慢話をしたり、小言を言ったりするが、誰も姑の若い頃を見た者はいないので、そんな話は当てにはならないということ。**「親の十七見た者がない」**ともいいます。

そんな姑の自慢話と小言の一例を。

姑に拙縫《せっぽう》なし

嫁の縫い物にけちをつける姑は、若い頃はまずい縫い物などしたことがないような言い方をする。

逆に、若い頃の失敗や先代の姑に怒られた話などはしないので、嫁は姑の若い頃の本当のことを知ることができません。

姑という字は難しい仮名で書いても読みにくい

気難しくて嫁が憎い

意味

姑が気難しいのと「読みにくい」を「嫁憎い」に掛けた面白いしゃれで、**「姑の文《ふみ》で嫁憎い」**といもいいます。

姑は「しゅうと」「しゅうとめ」（「しゅうと」＋「め〈女〉」）と読みますが、昔は仮名で「しうとめ」と書いていたので読みにくいということでしょうか。

ちなみに、「姑」という漢字は「古」と「女」で、年老いて古びた女性＝夫または妻の母のことで、「舅（キュウ・しゅうと）」は、「男」と「臼（キュウ・うす）」ですが、「臼」は「舊《キュウ》」（「旧」の元の字）と同様に古いという意味で、年長の男性のことです。

姑の心のうち

一般的な解釈は「憎い嫁に食べさせるな」

秋茄子《あきなすび》嫁に食わすな

意味

秋に収穫する茄子は特に味がよく、もったいないので憎らしい嫁に食べさせるなという、姑の嫁いびりをいったものというのが一般的な解釈ですが、ほかにもいくつかの解釈があります。

ただ単に、嫁に食べさせたくないほど、うまいものだということ、嫁いびりとは逆に、嫁のことを気遣って、秋茄子は食べると体を冷やすから、また、秋茄子は種子が少ないので、子ど

もに恵まれなくなる心配があるから大事な嫁に食べさせてはいけない、という解釈があります。

このことわざは十七世紀には使われていたようで、俳諧『毛吹草《けふきぐさ》』には「秋茄子嫁に食わすな、嫁姑の仲良きは物怪の不思議」とあります。

また、こんな会話（現代風に訳しました）が江戸時代のある本に見られます。

母親が娘に秋茄子を毎日のように食べさせるので、

娘「母さん、茄子はもう飽きた」
母「お前が秋茄子を食べられるのは今年限りだ、たんと食べなさい」
娘「なぜ？」
母「来年は嫁になるからさ」

これは江戸時代の笑い話・小咄《こばなし》を集めた『笑《わらい》長者《ちょうじゃ》』の中の「秋茄子」という題で、これだけの内容のものなのですが、笑い話というより母娘の悲しい物語の一部のように思えてしまいます。

これと同様のことわざ、**「青田の田螺《たにし》嫁に食わすな」**も、稲が青いうちの田で採れる田螺は、特別においしいので嫁に食べさせるな、逆に、体には毒なので食べさせるなとする説があります。

「嫁においしい物を食べさせるな」ということわざには、秋鯖《あきさば》、秋かます、秋たなご、五月《ごがつ》蕨《わらび》など、各地に旬のおいしい食べ物を用いたものが多数あります。

ちなみに、このことわざは次の古い和歌がもとになっているという説があります。

秋茄子早酒《わささ》の粕《かす》につきまぜて
棚におくとも嫁に食はすな

（「早酒」は新酒、「嫁」はネズミの異称「君が嫁」の略で、秋茄子を新酒の粕に漬けておいしくなるまで棚に置くのはいいが、ネズミには取られるな、という意）

この「嫁」を、ネズミではなく姑に対する嫁と解してことわざができたというものですが、定かではありません。

肉が少ないから嫁にやれ

鯒《こち》の頭《あたま》は嫁に食わせよ

意味 鯒の頭は骨ばかりで肉が少ないから嫁に食わせるのによい、という一般的には嫁いびりのことわざ。

ちなみに**「鯒の頭には姑の知らぬ身がある」**（鯒の頭には姑の知らないうまい身がついている）ということわざがあり、「鯒の頭は嫁に食わせよ」は、嫁においしい物を食べさせなさいという意味としている辞書もあります。また「**鯒の隠し身嫁に食わすな**」という、鯒の頭には肉は少ないが、うまい身がついているから嫁には食べさせるな、という嫁いびりのことわざもあります。

嫁につらい仕事をさせてはいけない

夏の火は娘に焚《た》かせろ冬の火は嫁に焚かせろ

意味 つらい仕事は娘にやらせて厳しくしつけなさい、嫁には楽な仕事をさせてやさしくしなさい。

同様のものに「八月柴《しば》は嫁に焚かすな」というのもあります。八月柴は、八月に薪として焚く柴のことで、八月の暑い時には嫁を大事にして、火などを焚かせないほうがよいという、数少ない嫁への気遣いを示したことわざです。

嫁の心のうち

姑にいつもにらまれているのは我慢できない

煙《けむ》る家には居られるがにらむ家には居られない

意味 煙る家とは煙たい家、つまり、姑がいて窮屈で息苦しい家にいるのはまだ我慢できるが、姑にいつもにらまれながら家にいるのは我慢できないということ。**「煙る座敷には居られるがにらむ座敷には居られぬ」「煙の座敷には居れ《お》てもいびりの座敷には居れん」**ともいいます。

ちなみに、姑のいる家に嫁いだ嫁も忍耐が大切であるということを、「石の上にも三年」をもじって「煙る中にも三年」といいます。

憎いのは姑だけじゃない

姑が憎けりゃ夫まで憎い

意味 その人を憎むあまりに、その人に関係のあるものすべてが憎くなることを、「**坊主が憎けりゃ袈裟《けさ》まで憎い**」といいますが、同じように、嫁いびりをする姑を憎らしく思うあまりに、夫が悪いわけでもないのに夫まで憎く思うようになってしまうということ。

夫は自分の味方で助けてくれると思っていたのに、母親には逆らうことができず助けてくれない、それどころか母親の肩を持つようなことをすれば、なおさらのことです。

嫁が姑になる

姑がその座を嫁に譲る

嫁に杓子《しゃくし》を譲る

意味 杓子は飯や汁を家族に分配する道具ですが、主婦権（家長の妻が持つ家事全般に関する権限）の象徴として古くから大きな意味を持っていました。その杓子を姑が嫁に譲るということは、世帯を切り盛りする権限を嫁に譲り渡すということです。「**杓子を渡す**」ともいいます。

嫁が姑に仕込まれているうちに、姑と同じようなやり方で家事を切りまわすようになり、いずれ姑の後を継ぐ時がくるというわけです。

こうして嫁と姑の関係は繰り返される

姑の仇《かたき》を嫁が討つ

意味 姑の悔しい思いを、嫁が姑に代わってその思いを晴らす、姑思いの嫁のことかと思いきや、姑にいびられた仇を、後に自分の息子の嫁をいびることで晴らすという意味なのです。

なんとも恐ろしい嫁いびりの連鎖ですが、こうやって嫁と姑の関係は何代でも繰り返され、嫁いびりはいつまでも続くようです。

逆に、**「親の恩は子で送る」**と同様に、「姑の恩は嫁で送る」、こんなことわざはたぶんありませんが、姑から受けた恩を、自分の息子の嫁を育てることで報いる人もいるはずです。

姑への戒め

家族になったのだから大事にしなさい

嫁は家のもの娘は他人のもの

意味 嫁は他家からもらって家のもの、つまり家族となったのだから大事にしなければならない。自分の娘は他家へ嫁いで他人となったのだからあてにすることはできない。嫁にはいずれ自分の老後の世話をしてもらわなければならないのだから、嫁を我が子だと思って大事にしなさいということ。**「嫁こそ子なれ」**ともいいます。

これに関連した**「いびりいびり嫁にかかる」**

ということわざがあります。「かかる」は面倒をみてもらうことで、姑が嫁いびりをしても、いずれは嫁に面倒をみてもらうようになるということで、嫁いびりをする姑もいずれはこうなるといっているだけかもしれませんが、その時のためにも嫁は大事にしなさい、という姑への戒めと考えます。

自分の娘も他家で苦労しているのだから……

嫁を憎かば我が子を思え

意味 人様の娘である嫁が憎くなったら、嫁にやった自分の娘のことを思いやってみなさい。先方の家で苦労している娘のことを考えたら、自分の家の嫁もそうそうはいじめられないはずだ。

これも数少ない姑への戒めのことわざです。ここまで嫁と姑の仲の悪さ、姑の悪口を語るものが多くありましたが、それを意図的に取り上げたわけではありません。このような姑をいさめることわざもあることにほっとしています。

人間模様

私たちはひとりでは生きていけません。
多くの人とのご縁によって生かされています。
良縁・悪縁、出会いと別れ。
悲喜こもごもの人付き合いのコツを
多くのことわざが教えてくれます。

出会いと別れ

一期一会《いちごいちえ》

もとは一生に一度だけ出る茶の湯の会のこと

意味 これは、千利休の高弟・山上宗二《やまのうえそうじ》が記した茶の湯の秘伝書『山上宗二記』にある千利休の言葉とされる「一期に一度の会」から、一生に一度だけ出る茶の湯の会を意味し、茶会に臨む際には、何度このような機会があったとしても、その機会は一生に一度のものという思いを込めて、主客とも互いに誠心誠意、真剣に行うべきだと説いた語です。

そこから、一生にただ一度の貴重な出会い、

機会そのものを指す語として用いられますが、茶会に限らず、その人とはこれから何度も会う機会はあるかもしれないが、二度と巡り会わないものと思って、今のその時間を大切にすべきだという戒めでもあります。

茶道を学ぶ人はご存じなのかもしれませんが、江戸末期の大老・井伊直弼《いいなおすけ》は、茶事で主客の所作を記した『茶湯一会集《ちゃのゆいちえしゅう》』で、「茶湯の交《こう》会《かい》は一期一会といひて、たとへば幾度おなじ主客交会するとも、今日の会にふたたびかへらざる事を思へば、実に我一世一度の会なり。〈略〉実意を以《もっ》て交はるべきなり。是《これ》を一期一会といふ。」と、「一期一会」を茶の湯の極意として説いています。

ちなみに、「一期」は仏教用語で、人が生まれてから死ぬまでの間、一生、一生涯、また、

死に際した時、臨終、末期《まつご》を意味し、「一会」は、仏教の法会《ほうえ》などの一つの集まりや会合を意味し、どちらも仏教に関係のある言葉です。

袖振り合うも他生《たしょう》の縁《えん》

道で袖が触れ合うのも前世からの因縁によるもの

意味 道で見知らぬ人と袖が触れ合うようなことも、それは単なる偶然ではなく、前世からの深い因縁によるもの。だから、どんな出会いも大切にしなさいということ。「振り合う」は「触り合う」とも書き、「すり合う」ともいいます。「他生」というのは、仏教でこの世を意味する「今生《こんじょう》」に対して、過去または未来の生のことで、何度も生まれ変わる意の「多生」とも書きます。

「旅は道連れ世は情け、袖振り合うも他生の縁」

という使い方もしますので、旅先での出会いからできた言葉でしょうか。鎌倉時代にはこんな表現のものもあります。

一樹《いちじゅ》の陰《かげ》一河《いちが》の流れも他生の縁

一本の樹木の陰で共に雨宿りし、一つの河の流れの水をくんで飲み合うのも前世からの因縁がある。

鎌倉時代の紀行文『海道記《かいどうき》』に「一樹の陰、宿縁浅からず」、『平家物語』に「一樹の陰に宿るも先世《せんぜ》の契《ちぎ》りあさからず。同じ流れをむすぶも多生の縁猶《なお》ふかし」とあります。

西洋では**「たまたま知り合うも運命による」**といいます。

余談ですが、「袖振り合うも多少の縁」と書かれているのを見たことがあります。ただ単に間違えたのか、別の意味としてそう書いたのかどちらなのでしょう。まだもじりとして辞書に載っていませんが、広まればいずれ載るかもしれません。

会うは別れの始め

人との出会いには必ず別れがある

意味 人との出会いはその人との付き合いの始まりであるが、いずれやってくる別れへの始まりでもある。人との出会いには必ず別れがあるということ。**「会うは別れの基《もとい》」「会うは別れ」**ともいいます。

鎌倉初期の歌人・藤原定家《ふじわらのていか》が詠んだ歌に「会うは別れ」という表現があります。

はじめよりあふはわかれと聞きながら
暁知らで人を恋ひける

（はじめから会えば必ず別れがあるとは聞いていながら、夜が明けて別れる悲しみの深さを知らず人を恋してしまった）

どの辞書にも、この言葉は世の無常、はかなさを説いたものという説明が加えられていますが、人とはいずれ別れなければならない時がやってくるのだから、それまでの時間を大切にしなさいという教えでもあるのではないでしょうか。

このことわざの由来は、中国の唐の詩人・白《はく》居易《きょい》の句「合者離之始」（合うは離るるの始め）からとしているものがありますが、仏教にも「生者必滅《しょうじゃひつめつ》、会者定離《えしゃじょうり》」という言葉があります。これは、生あるものは必ず死ぬ、会うものは必

ず別れる運命にあるという、この世の無常を説いた言葉で、**「生《しょう》は死の基《もと》、会うは離るるの基」**（この世に生まれてくることは死への第一歩であり、人と会うことは別れへの第一歩）ということわざがあります。

西洋では**「最良の友との間にも別れは来る」**といいます。

対人関係

人への親切は巡り巡っていずれ自分に戻ってくる

情けは人の為ならず

意味

情けを人に掛けておけば、巡り巡って結局は自分に良い報いとなって戻ってくる。だから、どんな場合にも人には親切にしておくべきだということ。**「人を思うは身を思う」**ともいい、どちらも古くからあることわざです。

「人の為ならず」は「その人のためではない（その人のためだけではない）」という意味ですが、現代では「人の為にならず＝人のためにはならない」と捉え、人に情けを掛けることは、かえってその人のためにならない、という意味で用いられることがあります。

ちなみに、文化庁による国語に関する調査で、どの意味で使っているかを尋ねた結果、（ア）本来の意味である「人に情けを掛けておくと、巡り巡って結局は自分のためになる」を選んだ人は四十五・八％、（イ）本来の意味ではない「人に情けを掛けて助けてやることは、結局はその人のためにならない」を選んだ人もほぼ同数でした。

世代別にみると、六十歳以上を除くすべての世代で（イ）を選んだ人が（ア）を選んだ人を上回り、中でも二十歳代・三十歳代は、六十％弱の人が（イ）を選んでいました。この結果をみると、いずれ（イ）の意味で使う人のほうが多くなってしまうのかもしれません。

人への憎しみも巡り巡って自分が憎まれる

人を憎むは身を憎む

意味 「身」は我が身のことで、人に対して憎しみを抱けば、その憎しみは巡り巡って自分が人から憎まれることになる。

これは79ページの**「人を思うは身を思う」**と対をなすもので、室町時代の『北条氏直《ほうじょううじなお》時代《じだい》諺留《ことわざとめ》』には**「人を思うは身を思う、人を憎むは身を憎む」**とあります。人が人に対して抱く善意も悪意も、いずれは巡り巡って自分に返ってくるということを教えてくれています。

さらに、憎しみを通り越して人を呪えば同様に自分が呪われてしまう、これを**「人を呪えば身を呪う」**といいますが、これを強く戒めたことわざが次の**「人を呪わば穴二つ」**になります。

人を陥れようとすると自分も報いを受ける

人を呪わば穴二つ

意味 「穴」は墓穴のことで、「人を呪わば穴二つ掘れ」を略したもの。人を呪い殺して墓穴に入れようとすれば、自分も相手の恨みの報いを受けて墓穴に入らなければならなくなる。だから、呪った相手と自分のための二つの墓穴が必要になる。つまり、人を不幸に陥れようとすると、それが自分の身にも必ず跳ね返ってきて同じ目に遭うという戒めです。

「人を祈らば穴二つ」(「祈る」には人に災いがおこるように祈願する、呪うという意味もある)ともいいます。

人を呪った結果、自分も墓穴に入るようなことになれば、まさに**「墓穴を掘る」**という言葉どおり、自分の手で自らを破滅に導く原因を作ってしまったわけで、これを仏教では**「自業自得」**といいます。

自分も他人も落ち目になった時こそが大事

人は落ち目が大事

意味 これは自分と他人、それぞれが落ち目になった時に関することわざで、自分が逆境に陥った時には、なんでも悪いほうへ考えてしまい、もがき苦しんでしまうもの。そんな時こそ、冷静になって前を向き、言動に注意しながら他日を期すように努力することが大事であるということ。

また、他人が落ち目になった時こそ、見捨てないで情を掛けて援助し、励ましてやらなければならないという意味もあります。

「世の中は相持《あいも》ち」「人は情けの下で立つ」というように、世の中は互いに助け合うことで成り立っています。

ただし、手を差し伸べてくれる人ばかりいるわけではありません。**「人の情けは世にある時」**、つまり、人が好意を示してくれるのは、こちらの羽振りがいい時だけで、いったん落ち目になると見捨ててしまう人もいるものです。

渡る世間に鬼はない

世間には人情に厚い人が必ずいる

意味　世の中は薄情な人ばかりではなく、慈悲深く人情に厚い人、困っている時に助けてくれるような人情に厚い人も必ずいるということ。

十八世紀中頃のことわざ集『尾張俗諺《おわりぞくげん》』などには**「世（世間・世界）に鬼はない」**とありますが、上に「渡る」がついたものが広く使われるようになりました。「渡る」とは世間の人々の間で生きていくことですが、この言葉が加えられたことで、「世の中を一生懸命生きている人には、困った時に必ず助けてくれる人がいる」という意味合いが感じられます。**「地獄にも鬼ばかりでない」「浮き世に鬼はない」「捨てる神あれば拾う神あり」**などともいいます。

ちなみに、テレビドラマのタイトル「渡る世間は鬼ばかり」はこのことわざをもじったものです。これもことわざだと思っている人も多いのではないでしょうか。

温和な仏様も〇〇されれば怒る

仏の顔も三度

意味 どんなに温和で慈悲深い人でも、礼儀知らずな行いをたびたびされればついには怒り出す。

一度や二度は許すことができても、三度目となるともう我慢できない。何度も侮辱された時や、たびたび迷惑をかけてくる者に対して、「仏の顔も三度で、もう許さない、いい加減にしろ」という警告の言葉として使われます。

これは誰もが知っていることわざですが、もとの言葉を省略した形で用いられています。何が省略されているかご存じですか？

もとは、**「仏の顔も三度撫《な》ずれば腹立つ」**といい、いかに温和な仏でも、顔を三度もなで回されれば腹を立てるということを意味しています。

「仏の顔も三度まで」「仏の顔も三度ながむれば腹が立つ」「地蔵の顔も三度」「兎《うさぎ》も七日なぶれば噛《か》み付く」「兎も三年なぶりゃ食いつく」などともいいます。

西洋では**「鍋もいっぱいになると吹きこぼれる」**といいます。

頭角を現す人と出過ぎたまねをする人は……

出る杭《くい》は打たれる

意味 杭を並べて打つ時、ほかの杭に比べて高い杭は、ほかの杭と同じ高さまで打ちこまれることから、ずばぬけた才能を持ち頭角を現す人は、とかく人に妬《ねた》まれたり妨げられたりする。

また、出過ぎたまねをすると、人からとかく非難され、制裁を受けるというたとえ。**「差し出る杭は打たれる」「出る釘は打たれる」「高木《こうぼく》は風に折らる」**ともいいます。

出る杭を妬んだり、足を引っ張ったりする人はいつの時代にも必ずいるもので、「出る杭は打たれるものだが、出すぎた杭は打たれない」「打てなくなるまで出てやる」とどなたかが言っておられました。

西洋では**「名声には嫉妬はつきもの」「高い木は多くの風を受ける」**などといいます。

ちなみに、文化庁による国語に関する調査では、「差し出て振る舞う者はほかから制裁されること」を、（ア）「出る杭は打たれる」を本来の言い方とし、（イ）「出る釘は打たれる」のどちらの言い方を使うか尋ねたところ、七十三％の人が（ア）を選んでいますが、世代別にみると、六十歳以上では（ア）を選んだ割合が六十二・五％で全世代の中で最も低く、（イ）を選んだ割合が二十七・六％で最も高くなっていました。

人を使うのは人に使われているようなもの

人を使うは使わるる

意味 人を使うのは楽なようにみえて、働かせるために準備も必要としたり、いろいろ気を使ったりして苦労する。人を使うのではなく、逆に人に使われているようなものだということ。**「人を使うは苦を使う」「使う者は使われる」「奉公人に使われる」**ともいいます。

中間管理職ともなると、上司からは**「頭《かしら》が動かねば尾が動かぬ」**（上に立つ者が先に立って

働かなければ、下の者は働かない）などと言われ、上と下に使われているようなものです。
西洋では「**主人は同時に召使いでもある**」といいます。

敷居が高い

不義理などをしてしまい行きにくい

意味 お世話になった人に御礼ができていない、人に迷惑をかけてしまった、長い間連絡せずに無沙汰してしまった、そんな人の家を申し訳なくて訪問しづらい、会うのがつらいという気持ちを、その家の敷居（家の門や玄関の内と外との仕切りとして敷く横木）が高く感じられて、中に入りにくいというように表現したものです。

ところが最近は別の意味で使われることが多くなってきました。文化庁による国語に関する調査では、本来の意味ではない「高級すぎたり上品すぎたりして、入りにくい」を使う人が四十五・六％で、本来の意味「相手に不義理などをしてしまい行きにくい」で使う人の四十二・一％を上回っていました。中でも、十〜三十歳代は七十％以上の人が「あのお店は敷居が高くて入りにくい」というように使っています。

ちなみに、『広辞苑』には「不義理または面目ないことがあって、その人の家に行きにくい」に、以前はなかった「また、高級だったり格が高かったり思えて、その家・店に入りにくい」という説明が加えられました。

気持ち・態度

怒りは敵と思え

怒りは自身を滅ぼす敵《てき》のようなもの

意味 相手に怒りの感情を持てば、相手もこちらに怒りや憎しみを抱くようになり、新しい敵を作ることになる。自分自身も怒りのために冷静な判断ができなくなり、誤った判断をして失敗してしまう。怒るということは結局自分を滅ぼす敵のようなものだと思い、怒りはできる限り慎むべきだという戒め。

これは徳川家康の遺訓の一つとされています。

戦国時代を生き抜き天下統一を果たした家康は、実際に怒りの感情が身の破滅のもととなることを、織田信長や豊臣秀吉らを見て学んでいたことでしょう。

また、家康は『論語』と『老子』にある次の言葉も心に留めていたのではないかと思えてきます。

一朝《いっちょう》の怒りに其《そ》の身を忘る（論語）

一時の怒りのために前後を忘れて自分の身を滅ぼす。「**一朝の怒りに一生を過《あやま》つ**」ともいう。

善《よ》く戦う者は怒らず、善く勝つ者は争わず（老子）

戦うことが上手な者は怒りにまかせて戦ったりせず、戦いに勝つ者はつまらないことで争ったりしない。

西洋でも**「怒りと安心は仇敵《きゅうてき》」**といいます。**「短気は損気」**ということわざもあるように、一時の怒りは結局自分が損をするだけで、得することは何一つありません。

怒りが爆発する

堪忍袋《かんにんぶくろ》の緒《お》が切れる

意味 「堪忍袋」は堪忍する心の広さを袋にたとえた語、「緒」はひものことで、じっと我慢していたことが抑えきれなくなり、堪忍袋が広がって縛っていたひもが切れて怒りが爆発する、というたとえ。

こういうことわざがあるのは、堪忍することが大切であるという教えがあったからで、その大切さをいうことわざはいくつもあります。

ちなみに、「堪忍」には怒りを抑え人の過ちを許すことと、苦しい境遇や困難なことなどを耐え忍ぶという意味があります。

堪忍五両、思案百両

腹の立つことをじっと我慢し、熟慮し慎重に行動することは大きな価値がある。

堪忍は一生の宝

苦しみに耐えることや、我慢して人を許すことは一生を通じて計りしれない利益をもたらす。また、堪忍を自分の宝として生涯大切に守るべきだということ。

ならぬ堪忍、するが堪忍

できる堪忍は誰でもする。堪忍できないところを堪忍するのが、本当の堪忍だということ。

怒《いか》れる拳《こぶし》笑顔に当たらず

怒る相手には笑顔で対応するほうがよい

意味　かっとなって振り上げた拳も、相手が笑顔で対応してくると、気勢をそがれて打ちおろせなくなる。怒って強い態度で向かってきた相手には、やさしい態度で接するほうが効果的だということ。

これは中国由来の言葉ですが、鎌倉時代の軍記物『源平盛衰記』に見られ、**「笑顔に当てる拳はない」「笑う顔に矢立たず」**（笑顔の者には矢を射ることはない）などともいいます。

日本にはこんなことわざがあります。

茶碗を投げれば綿にて抱えよ（**受けよ**）

相手が怒って茶碗を投げてつけてきたら、それを割らないように柔らかい綿で受け止めなさい。相手が強く出てきた時には、それに対してこちらがむきにならずに冷静に受け止めれば、逆に勝つことができる。

茶碗を投げつけるというと、夫婦喧嘩《げんか》を想像してしまいますが、確かに夫婦喧嘩にも応用できそうなことわざです。

腹が立つなら親を思い出せ

親を思い出せば怒りも静まる

意味　腹が立って我慢ならない時には、まず親の顔を思い浮かべ、今事件を起こしたら親がどんなに嘆き心配するか考えてみなさい。そうすれば、自然に怒りも静まり、争いごとなども避けられる。**「腹が立つなら親を思い出すが薬」**

ともいいます。

西洋では**「腹が立ったら十数えよ、ひどく腹が立ったら百数えよ」**といいますが、百数える間になぜ腹が立ったかわからなくなるかもしれません。

ところで、怒ることをなぜ「腹が立つ」というのでしょう。「腹の中《うち》」**「腹に一物《いちもつ》」**「腹黒い」などの言葉があるように、腹の中には考えや心の動きが収まっていると考えられていました。「立つ」には感情が激する、興奮した状態になるという意味がありますので、「腹が立つ」は腹にある感情が激することを意味します。「はらをたつ」を漢字表記して音読みした「立腹」は和製漢語ですので、中国語圏の人に「立腹」と書いて見せても通じません。

ちなみに、「腹の虫がおさまらない」や「虫の居所が悪い」に「虫」が使われているのは、考えや感情を引き起こす虫が体内にいると考えられていたからです。空腹時にお腹が鳴るのも、腹の中にいる虫が鳴くからと考えられていたようです。

済んだことを後から悔んでもどうにもならない

後悔先に立たず

意味 すでに終わってしまったことを、後から「ああしておけばよかった」「こうしておけばよかった」と、悔んでみてもどうにもならないということ。だから、済んでしまったことを後悔することがないように、事前に十分注意しなさいという教えでもあるのですが、結局、失敗してしまった後に、取り返しがつかないことをしてしまったと反省しながら使う場合が多いことわざです。

これは鎌倉時代の『日蓮遺文《にちれんいぶん》』や仏教説話集『沙石集《しゃせきしゅう》』などに見られますが、これらより少し前に書かれた『今昔物語』には、「後の悔前《くいさき》に立たずといふ譬《たとえ》にてぞ有ける」とあり、**「後の悔い先に立たず」**ともいいます。

昔は**「後悔先に立たず、提灯《ちょうちん》持ち後に立たず」**や**「後悔と槍《やり》持ちは先に立たず」**（「槍持ち」は槍を持って主人の供をする従者）としゃれていうこともありました。

西洋では**「後悔はあまりにも遅く来る」**といいます。

君子は豹変《ひょうへん》す

君子《くんし》は過ちを即座に改め面目を一新する

意味

「豹変」は豹の毛が季節によって抜け替わってその斑紋が美しくなり変化がよくわかることで、君子は自分の過ちに気づけば即座に改め、鮮やかに面目を一新する、また、時代の変化に応じて自らを改めていくということ。現在は、身分の上の人などが態度や考えを急に変える場合にも使われます。

これは中国由来のことわざですが、単に「豹変する」ともいい、本来は態度や考えが良いほうに変わる場合をいいましたが、現在は、状況を見て自分の都合で態度や主張をがらりと変える、むしろ悪いほうに変わる場合に使われることが多くなりました。

西洋では**「賢者は考えを変えるが愚者は決して変えない」**といいます。

ちなみに、ことわざではありませんが「姑息《こそく》

な手段」という言葉はどういう意味で使いますか？

「姑息」の「姑」はしばらく、「息」は休む意で、本来は、一時の間に合わせにする、その場しのぎという意味ですが、その場だけの間に合わせであることから、現代では本来の意味ではない「卑怯《ひきょう》な」という意味に使う人が多く、文化庁の国語に関する調査では約七割を占めていました。この結果を受けてか『広辞苑』には「俗に、卑怯なさま」（「俗に」は世間で、世間一般に）という説明が加えられています。

言葉の持つ意味は時代とともに少しずつ変化していくものでしょうが、「普通においしい」と言ったりするのは私にはどういう意味かよくわかりません。

言葉

言葉は互いの考えや感情を伝えるための
大切な手段。でも、使い方によっては
相手を傷つけてしまうことがあります。
言葉とはどういうものか、
どう使うべきかをことわざから学びます。

言葉は人を表す

心に思っていることは自然と言葉に表れる

言葉は心の使い

意味 言葉は心に思っていることを伝える使者である。心に思っていることは、自然に言葉に表れてしまうものであるということ。**「口は心の門《もん》」**ともいいますが、心に思っていることはとかく口に出して言いがちであるから、言葉には気をつけなさいという戒めの意味もあります。

詞《ことば》はそれ心のつかひなるがゆゑに、詞おろそかなれば心もおろそかにきこゆ

（言葉というものはそれが心の使いであるがゆえに、言葉がおろそかであれば心もおろそかに聞こえる）

これは鎌倉時代の和歌に関する理論や評論をまとめた『野守鏡《のもりのかがみ》』にある一文です。**「心内《こころうち》に動けば詞外《ことばそと》に現わる」**。これも同様のことを意味するもので、中国最古の詩集とされる『詩経』にある言葉ですが、日本では南北朝時代の軍記物『太平記』に見られます。

つくづくと思ひ暮らして入逢《いりあい》の
鐘を聞くにも君ぞ恋しき

情《こころ》は中《うち》に動けば、言《ことば》外に呈《あらわ》る

（しみじみした思いに暮れて入逢の鐘〈晩鐘〉を聞けば君を恋しく思う。心中に思うことは自然に言葉になって表れるものだ）

言葉は自分の考えや感情を伝えるための大事な手段ですが、その言葉の使い方でその人の人柄や品性までもわかってしまうということを、多くのことわざが教えています。

言葉は人柄や品性をそのまま表す

言葉は身の文《あや》

意味 「文」は物の表面に現れる模様などのことで、言葉はその人の心の様子や人柄・品性をそのまま表す。だから、その人が話す言葉を聞いたり、書いた文章を見たりすれば、その人がどのような人物かを知ることができるということ。「**言葉は立ち居を表す**」（「立ち居」は日常の動作）ともいいます。

これは『春秋左氏伝《しゅんじゅうさしでん》』（中国の史書『春秋』の注釈書）にある言葉ですが、鎌倉初期の学者・菅原為長《すがわらのためなが》編纂《へんさん》の『管蠡抄《かんれいしょう》』にあり、日本でも古くから使われていることわざです。

また、「**文《ぶん》は人なり**」ともいい、文章には書き手の人柄が表れる、だから文章を見れば書き手の人となりがわかるということですが、これはフランスの学者が演説で述べた言葉が有名になり、それを翻訳したものとされています。

口数の多い人は品位に欠ける

言葉多きは品《しな》少なし

意味 口数の多い人は品《ひん》がなく、軽々しく威厳に欠ける。軽薄な人に限ってよくしゃべるという、おしゃべりを戒める言葉でもあります。

鎌倉末期から使われ江戸時代には寺子屋の教

科書になっていた『童子教《どうじきょう》』にもある言葉で、子どもの頃に、男は威厳を保つために無駄な口をきくな、女は口数が少ないほうが奥ゆかしい、と教えられていたのでしょう。

ちなみに、数年前のNHKの調査ではこのことわざの認知度は三割程度でした。あまり知られていない理由はいくつかあると思いますが、一つには昔のように学校で学ぶことがなくなったからでしょうか。

物事を深く知っている者は余計なことを言わない

知る者は言わず言う者は知らず

意味 物事を本当に知っている人はあまり多くを語らないが、ぺらぺらとしゃべる者に限って知らないということ。**「知者は言わず」「喋《しゃべ》る者に知る者なし」**などともいいます。

これは『老子』にある言葉ですが、こうもいっています。

大弁《たいべん》は訥《とつ》なるが如《ごと》し

「大弁」はすぐれた弁舌、「訥」は口下手のことで、優れた雄弁家は無駄口をきかないので、かえって口下手のように見える。

聞きかじっただけの知識しか持たない者は同じようなことを繰り返し話す、ちょっと知識のある者はその知識をひけらかそうとする、深い知識を有している者は要点だけを手短に話し、余計なことは言わないということですね。

西洋では**「言葉を少なくする者は知識あり」「賢人の口は心にあり、愚か者の心は口にあり」「馬鹿はよくしゃべるのですぐわかる」**などともいいます。

言葉は人を傷つける

口は禍《わざわい》の門《かど》

不用意な言葉は自分にも他人にも害を及ぼす

意味 うっかり言った言葉が思いがけない災難を招くことがあるから、不用意にものを言ってはならない。「**口は禍の元**」「**禍は口から**」ともいいます。

これは中国由来の言葉ですが、「**口は禍の門**」「**舌は禍の根**」ともいい、鎌倉時代にはすでに子どもの教科書『童子教』に載っていて、鎌倉初期の学者・菅原為長《すがわらのためなが》編纂《へんさん》の説話集『十訓抄《じっきんしょう》』にもあり、日本でも古くから使われていることわざです。

この『十訓抄』には、奈良時代の僧・行基《ぎょうき》が弟子への遺言として語った次の一文もあります。

口の虎は身を破る、舌の剣《つるぎ》は命を断つ
口をして鼻の如《ごと》くにすれば、後あやまつ事なし

(うかつな言葉は虎のように身を傷つけ滅ぼす、不用意な発言は剣のように人を傷つけ命を絶つ、口を言葉を発しない鼻のように無駄な言葉を慎めば身を破滅させることはない)

これらも同様のことを意味していて、それぞれ単独のことわざとしても用いられています。

舌は禍の根

言葉は災難を招くもとである。「舌禍《ぜっか》」は、自分の発言が他人の怒りに触れたために受ける災い、他人の中傷や悪口によって受ける災い。

口の虎は身を破る

「破る」は「食《は》む」ともいい、うかつなことを言うと身を滅ぼす危険が生じることがある。「**口の虎**」は、うかつな言葉から生じる災いの恐ろしさのたとえ。

舌の剣《つるぎ》は命を絶つ

不用意な発言のために自分の生命を失うことがある。また、人を傷つけるような軽率な発言のために、人が身を滅ぼしたり命までも失ったりすることがある。「**舌の剣**」はとげとげしく、皮肉や悪意のある言葉が人を傷つけるのを剣にたとえた語。「**舌の剣は鋭い**」ともいう。

口をして鼻の如くにす

無駄口をたたかないで口を慎むようにする。

言葉は禍を招くということわざはまだあります。

口は人を傷《やぶ》るの斧《おの》、言《げん》は身を割《さ》く刀

言葉は人を傷つけ、自身を破滅させる原因ともなる。

多言《たげん》は身を害す

口数が多いと言ってはならないことまで言ってしまって災いを招くことになる。

三寸の舌に五尺の身を滅ぼす

わずか三寸（約九センチ）ほどの舌が、五尺（約一五十センチ）の体を滅ぼす。多弁や失言がその身を滅ぼしてしまう。「**舌三寸の誤りより身を果たす**」「**一寸の舌に五尺の身を損ず**」ともいう。

刀の傷は治せるが言葉の傷は治せない

不注意な発言で人の心を深く傷つけてしまうと、その傷を癒やすことはできない。

病は口より入り禍は口より出《い》ず

病気は口から入る飲食物への不注意から、災いは不用意な言葉とともに出る。江戸時代の儒学者・本草家《ほんぞうか》だった貝原益軒《かいばらえきけん》の医書『養生訓』には、これに続けて「口の出し入れ常に慎むべし」と戒めている。

口から生まれて口で果てる

口から先に生まれてきたようなおしゃべりな人は、その口数の多さが災いし身を滅ぼす。

口から高野《こうや》

ちょっと口をすべらせたために、頭を丸めて高野山に入らなければならない。

蛙《かえる》は口ゆえに蛇《へび》に呑《の》まるる

蛙は鳴くために蛇に居場所が知られ呑まれてしまう。

西洋でも同じように「**自分の言葉がしばしば重大な不孝を呼び寄せる**」「**毒舌にまさる毒なし**」「**言葉は剣よりもよく切れる**」などといいます。

政治家の失言をよく耳にしますが、これらのことわざを知らないのでは、と思ってしまいます。

沈黙は思いを伝える時と災いを防ぐ時がある

言わぬは言うにまさる

意味 言葉に出して言うより、何も言わないほうが心の中の思いを強く表現する。沈黙が言葉以上に思いを伝えることがあるということ。この言葉は平安時代には使われていて、和歌や『源氏物語』に見られます。

そしてもう一つ、沈黙を守るほうが安全なことがある、つまり、黙っているほうが余計な災いを招くこともないし、人を傷つけることもないという意味もあります。

「言わぬが花」は、はっきり言わないほうが趣《おもむき》があってよい、はっきり言ってしまうと身も蓋《ふた》もないという意味で使いますが、もう一つ、何もかも言ってしまうと差し障りがあるので、言わないほうがよいという意味もあります。

西洋のことわざ「沈黙は金、雄弁は銀」は日本でもよく使われることわざです。

言いたいことはよく考えてから

言いたいことは明日言え

意味　言いたいことがあっても、その場で言ってしまわずに、じっくり考えてから言いなさい。思ったことをその場でストレートにしゃべると、失言したり、相手を傷つけたりすることがあるので、一晩じっくり考えて、それでも言いたい、やはり言うべきだと思ったら翌日になってから言いなさい、ということ。「腹の立つ事は明日言え」ともいいますが、腹の立つことこそ、いったん冷静になって一晩じっくり考えてからでも遅くはありません。

西洋でも「今日考えて明日語れ」「言う前に二度考えよ」といったりするようで、これはちょっと意外でした。西洋人は思ったことをストレートに言って、失敗したり後悔したりすることが多いからなのかもしれません。

思ったことを言わないのは気分がすっきりしない

思うこと言わぬは腹ふくる

意味 思ったことを言わないでいる、特に他人に対して言いたいことを言わないでいると、食べ過ぎて腹がふくれているように気分がすっきりせず、不満が募ってしまう。

これは吉田兼好の『徒然草《つれづれぐさ》』にある言葉です。

おぼしき事言はぬは腹ふくるるわざなれば、筆に任せつつあぢきなきすさびにて、かつ破り捨つべきものなれば、人の見るべきにもあらず。

（思っていることを言わないのは腹のふくれるような気分がするので、筆に任せながら書くのはつまらない慰みごとであって、書くそばから破って捨てるはずのものなのだから、人が見る価値のあるものではないのだ。）

言いたいことはよく考えてから言いなさい、という意味のことわざではありませんが、兼好法師は感じたこと、思ったことを書かないでいるのは気分がすっきりしないので、一度筆に任せて紙に書いています。

人に言いたいことがあっても、相手の機嫌を損ねないか、迷惑をかけないかなどと思う時は、一度、紙に書いてみて、これはやはり言うべきだと思ったら言う、というのはどうでしょう。

言い方によって相手を傷つけることがある

物も言いようで角《かど》が立つ

意味 「物も言いよう」は同じことでも言い方次第で、良くも悪くも聞こえる、「角が立つ」は人との間が穏やかでなくなることで、同じことを言うにも、言葉の選び方、話の仕方によっては、相手に不快な気持ちを与えたり、怒らせたりすることがあるので、表現の仕方には十分な注意が必要だということ。

これを**「丸い卵も切りようで四角」**に続けていうこともあります。この意味は、卵のように丸い物でも、切り方によって四角くなることもあるように、言い方ややり方次第で、物事は円満にいくこともあるし、角が立つこともあるという意味になります。

西洋では**「何を言うかより、いかに言うかが大切」**といいますが、確かにそのとおりだと思えることわざです。

ちなみに、言葉の使い方、物の言い方を「言葉遣い」といい、「遣」という字を使いますが、この字にはあやつる、巧みに使うという意味があります。

秘密

口から出た言葉は世間に発表したことと同じ

口より出《だ》せば世間

意味 ひとたび口に出した言葉は、世間に発表したのと同じこと。秘密にしておくべきことを、ちょっと口をすべらせて他人に話してしまえば、あっという間に世間の広く知るところとなる。

「口から出れば世間」ともいいます。

同様のことわざも挙げておきます。

人の口に戸は立てられない

人の噂《うわさ》話や世間の評判は止めることができない。

三人知れば世界中

三人いるところで話したことは、やがて世間に広く知れ渡ってしまう。

三人知れば公界《くがい》

「公界」はおおやけの場所のことで、人が三人集まれば、そこはもうおおやけの場であるということ。

始めの囁《ささや》き後のどよめき

初めは二、三人でひそかにした噂話も、後には大勢の評判になるということ。

「ここだけの話だけど」と言って他人に話しても、聞いた人も同じように「ここだけの話」と言い、結局いつの間にかみんなが知っているというのはよくある話です。

西洋では**「二人なら神の秘密、三人なら公然の秘密」「言葉が君の口にある時は君のものだが、ひとたび口にされるとそれは他人のものである」**などといいますが、実にうまく表現されたことわざです。

秘密の話もここから漏れ広まる

壁に耳あり

意味 こっそりと話しているつもりでも、どこで誰が聞いているかわからず、秘密はとかく漏れやすいということ。

この後に**「障子に目あり」**を加えて使われることが多いようです。

「壁に耳あり」は『平家物語』に見られますが、同時代の子どもの教科書『童子教』には、**「人の耳は壁に付き、人の眼《まなこ》は天をかける」**（人の耳は壁に付いていつも聞いているし、人の目は天にあって常に見ている）とあります。

このことわざは『源平盛衰記』などのほかの作品にも、いろいろな表現で見られます。

耳は壁に付く／耳は壁を伝う

壁に耳、石に口／壁に耳、天に口

壁に耳、垣に目／後ろの目、壁に耳

壁に耳、徳利《とっくり》に口

壁の物言う世／石の物言う世

昼には目あり夜には耳あり（昼間はどこかで人の目が光り、夜はどこかで聞き耳を立てられている）

「昼には目あり夜には耳あり」は明治時代の西洋のことわざ集にある新しいものですが、現代では昼も夜も人の目に代わってカメラの眼が光り、耳の代わりに隠しマイクが聞き耳を立てる世の中になってしまいました。

西洋でも「**壁に耳がある**」といいますが、世界各地に同様の表現のものがあるそうです。

嘘《うそ》

嘘はあっという間に広まる

一人《いちにん》虚《きょ》を伝うれば万人実《じつ》を伝う

意味 一人が嘘を言いふらすと、それを聞いた多くの人が確かめもせずに、真実として次から次へ広めてしまうものだということ。

これは室町時代の国語辞書『文明本節用集』や『天草版金句集』にあります。

次のことわざも同じ意味ですが面白いたとえを使っています。

一犬《いっけん》影に吠《ほ》ゆれば百犬《ひゃっけん》声に吠ゆ

一匹の犬が何かの影や形を見て、あるいは何かの拍子におびえて吠え出すと、辺りにいる多くの犬がその声につられて一斉に吠え出す。「一犬虚を吠ゆれば万犬実を伝う」ともいう。

今の時代はSNSとやらで、真実であろうが嘘であろうがあっという間に世間に広まってしまいます。

時と場合によっては嘘も必要

嘘も方便

意味 嘘も時と場合によっては、物事を円滑に運ぶためには必要だというたとえ。

一般的に、事態を良い方向に導くために嘘が必要なこともあるという時に使うことわざです

が、自分の利益や言い訳のためにつく嘘が許される、という意味の言葉ではありません。

よく知られたことわざですが、「方便」とはどういう意味でしょう。本来は仏教で、衆生《しゅじょう》（心を持つすべての存在、人々）を救って悟りの境地へ導くために、仏も仮の手段を用いたことから、ある目的を達するための便宜的な方法のことを方便といいます。

「嘘をつかねば仏になれぬ」（仏は人を救うために方便として嘘をついたのだから、人も誰かを助けるためにつく嘘は許される）ということわざがあります。

「嘘も方便」も本来は、人を救うためには一つの手段として時に嘘が必要なこともある、嘘が許される場合もある、という意味だったのではないでしょうか。

噂《うわさ》

噂をすると不思議な力が当人を呼び寄せる

噂をすれば影がさす

意味 人の噂をしていると、不思議とその当人が現れるものだということで、**「噂をすればなんとやら」**と略したり、**「噂をすれば影」**としたり、**「謗《そし》れば影さす」**などともいいます。

その当人が現れるのはまったくの偶然なのですが、昔は目の前にいない人のことをあれこれ言うと、何か不思議な力が働いて当人が現れると信じられていたそうです。西洋では**「悪魔の**

話をすればきっと悪魔が現れる」といいます。
噂をすれば当人が現れるなら、用がある時は悪口を言えばすぐに来てくれるはず、ということで「**呼ぶより誹れ**」というものもできました。

噂話をする時はその人の席を用意するつもりで

人事《ひとごと》言わば筵《むしろ》敷《し》け

意味　人の噂話をすると当人が現れることもあるので、その人を座らせる席を用意するつもりで話をしなさい。「筵」はわらなどを編んだ敷物のことですが、座る場所、会合の席という意味もあります。

これは「**人事言わば目代《めしろ》置け**」が変化したものともされています。「目代」は目の代わりをする者、見張り人のことです。

お金

お金は私たちの生活には
なくてはならないものですが、
扱い方によっては、幸にも不幸にもなる
諸刃《もろは》の剣《つるぎ》のような存在です。
このことは先人の経験が
多くのことわざとなって
伝えられています。

お金の力

世の中は金に支配されている

人間万事金の世の中

意味　この世の中のことはすべて金が支配しているので、どんなことでも金によって片がつくし、人は金のためにあくせく働くということで、単に「金の世の中」ともいいます。

新聞やテレビのニュースを見ると、政治や経済はもちろん、お金が絡んでいないものはないのではないかと思うくらい、世の中のすべてのことは人ではなくお金を中心に動いている感じがします。

西洋ではまさに「金が世界（地球）を回転させる」といいます。

また、世の中は金で思いのままになることを「金が物を言う」といいますが、西洋でも同様に"Money talks (speaks)."といいます。

地獄でも金が物を言う

地獄の沙汰《さた》も金次第

意味　「沙汰」は裁定のことで、地獄での閻魔《えんま》の亡者に対する罪の裁きも、金を出せば有利になるというほどだから、この世では金さえあればどうにでもなるということ。

昔は、この世の地獄のような場所であった牢《ろう》獄《ごく》でも、囚人が役人に贈る賄賂や、牢名主《ろうなぬし》（牢内の長）に渡す金で待遇が違ったようです。
同様のことわざもいくつかあります。

地獄の沙汰も銭がする／仏の沙汰も金次第
冥土《めいど》の道も金次第／成るも成らぬも金次第

仏の御利益《ごりやく》も金が物を言う

阿弥陀《あみだ》の光も金次第

意味 阿弥陀如来の御利益も、寄進や賽銭《さいせん》の多い少ないで決まる。金の力がいかに大きいかということ。

これにも同様のことわざがいくつもあります。

阿弥陀も銭で光る／銭は阿弥陀ほど光る
金の光は阿弥陀ほど／仏の光も金次第

ちなみに、人は仏様の教えや御利益よりも金の力にひかれるもので、人にとっては金ほどありがたいものはないということを**「仏（阿弥陀）の光より金の光」**といいます。

冷淡な者でも金には心を動かす

銭あれば木仏《きぶつ》も面《つら》を返す

意味 銭があれば感情を持ち合わせていない木仏でさえも、こちらに顔を向ける。どんなに冷淡な者でも、金を持っている者にだけは心を動かすくらい、誰でも金の威力に引き寄せられるもの。**「銭ある時は石仏《いしぼとけ》も頭《こうべ》を返す」**ともいいます。

ほかにも、面白いものとして**「銭あれば木仏も面《おもて》を和《やわ》らぐ」**があり、木仏のように感情を持たず、どんな時でも表情を変えることのない者でも、金を見ればにこっ（にやっ）として態度も変わるということなのですが、金を見て仏頂面（無愛想な顔）をする人はあまりいないでしょう。

男女の仲も金次第

出雲《いずも》の神より恵比寿《えびす》の紙

意味　出雲の神は縁結びの神のことで、恵比寿の紙は裏面に恵比寿の顔が描かれた明治時代の紙幣のこと。「神」と「紙」を掛けて、男女の縁結びには出雲の神様より金のほうが力があり、所詮《しょせん》、男女の仲も愛情よりも金（財力）次第だということ。また、恋よりも金のほうが大切だという意味もあります。

ちなみに、恵比寿は古くは豊漁の神でしたが、のちに七福神の一人として、商売繁盛、福をもたらす神として信仰されていますので、明治時代のお札に描かれたのでしょう。

向かうところ敵なし

金さえあれば飛ぶ鳥も落ちる

意味　金さえあれば飛んでいる鳥さえ落ちてしまう、どんな権力や威力に対しても金の力は絶大で、この世のことは金があればすべて可能だということ。**「金さえあれば天下に敵なし」**ともいいます。

ちなみに、権力や威勢が強いことを**「飛ぶ鳥も落ちる」「飛ぶ鳥を落とす勢い」**といいますが、この表現は古くから使われていたようで、鎌倉

時代の軍記物『平治物語』に「飛ぶ鳥も落ち、草木もなびくばかりなり」とあります。

金が人にこんなことも言わせる

金が言わせる旦那

意味 人から「旦那、旦那」と立ててもらえるのは、その人の人柄によるものではなく、持っている金が言わせているのだということ。**「金さえあれば行《ゆ》く先で旦那」「金が言わする追従《ついしょう》」**（「追従」はおべっかのこと）、**「知らぬ道も銭が教える」**などともいいます。

このことわざには同様のものがいくつかありますので挙げておきます。

金の光は七光／金の光で馬鹿も利口に見える

金があれば馬鹿も利口（旦那）／銭は馬鹿かくし

「旦那」は商店などの男の得意客、金持ちや身分のある男性のことですが、そうでない人にも機嫌をとるためにこう呼びます。今でも使う言葉ですが、これに代わって「社長」と呼ぶことのほうが多いかもしれませんね。

そうやっておだてられているうちにこうなります。

旦那と言われて銭が減る

旦那、旦那とちやほやされているうちにお金がなくなっていく。

金轡《かなぐつわ》を食《は》ます

金に物言わせて口止めをする

意味

「金轡」は馬に手綱《たづな》をつけるために、口にくわえさせる金具のことで、人に金轡をくわえさせて口をふさぐ、つまり、金銭を与えて口止めする、賄賂を贈って口外しないように口止めすること。「**金の轡を頬張らす**」ともいいます。

ちなみに、金轡は口止めなどのために贈る賄賂、口止め料という意味があります。「**金轡の網を張る**」というと、ほかの者に金をやって自分の意のままに動かせるように用意をしておくことです。

金で面《つら》を張る

金に物言わせて人を黙らせる

意味

金銭を見せびらかして、金の力で人を黙らせたり、服従させたり、手なずけたりすること。

以前見た映画かドラマの中で、文字どおり、相手に札束をちらつかせて、その後札束で顔をひっぱたくシーンがありました。江戸時代、最も価値のあるお金は小判だったので「**小判で面を張る**」ともいっていました。

金は命の親、命の敵《かたき》

金に命を助けられることもあれば命を落とすこともある

意味

金銭によって命を救われることもあれば、金がないために命を落としたり、金銭のいざこざが原因で命を落としたりすることもある。お金は人を生かすことも殺すこともできるものだ

ということ。

昔からあるのでしょうが、昨今は金銭問題が原因で命を奪われるという事件が多いような気がします。

金は憎むべき敵のようなもの
金が敵《かたき》

意味 人は金が原因で悩んだり苦しんだり、身を滅ぼすこともある。金は人を悩まし苦しめる仇敵《きゅうてき》のようなものだということ。**「金が敵の世の中」「金が恨みの世の中」**ともいいます。

この語にはもう一つ別の意味がありますが、それは後ほど紹介します（118ページ）。

お金はどこにある

金は世の中をぐるぐる回っている
金は天下の回り物

意味 お金はずっと同じ場所に留まっているわけではなく、人の手から手に渡って世の中をぐるぐる回っているものだから、やがて自分のところに回ってくることもある。今、貧しいからといってくよくよしなさんなということ。**「金は天下の回り持ち」「金は浮き物」**ともいいます。

林芙美子《ふみこ》の小説『放浪記』の中にこんな一文があります。

金は天下の回り物だっていうけど、私は働いても働いても働いても回ってこない。

これを読んで、私は石川啄木の歌を思い出しました。

はたらけど
はたらけど猶《なお》わが生活《くらし》楽にならざり
ぢっと手を見る

金は湧き出てくることもある

金は湧き物

意味 金は運が向けば、思いがけない時に思わぬところから湧き出てくるように入ってくることもある。だから金がないからといって心配することはないという励まし。**「金と水は世界の湧き物」「金と虱《しらみ》は湧き物」**などともいいます。

しかし、お金がない人のところに湧き出てくるよりも、持っている人のところに湧いてくるという現実を次のことわざが教えてくれます。

金が金を呼び集めてくる

金が金を呼ぶ

意味 お金を持っている人はその金をもとに利益を生み、それがさらに大きな元手となって、次々にお金を呼び集めてくるということで、**「金が金を溜《た》める」「金が金を儲《もう》ける」**ともいいます。

「金が子を生む」ということわざもあります。「子」は利子のことで、お金を貸したり預けたりすると、利子がついて次第に増えていく、金が金を生んでくれるということですが、今は昔ほど子を生んでくれなくなってしまいました。

お金はあるところに集まり、ないところには集まらない

金は片行《かたい》き

意味 「片行き」はある一方向だけに片寄っていることで、お金というものは持っている人のところへはどんどん集まってくるが、ない人のところへは一向に集まらず、お金のあるところは片寄っているものだということ。

残念ながら、これに反論できる方は少ないのではないでしょうか。きっと「そのとおり！」と思った方のほうが多いはずです。

ちなみに、**「金と子どもは片回り」**ともいいますが、欲しいと望んでも思うようにならないのがお金と子どもだということです。

やっと手にしたお金がすぐになくなる理由

銭は足なくして走る

意味 金には足はついていないが、まるで足でもあるかのように人から人へ渡っていく。お金はあっという間になくなってしまうものだというたとえ。

少しは自分のところでゆっくりしていって欲しいのに、嫌われているかのように右から左へ去ってしまうのが庶民にとってのお金です。

これは中国の『銭神論《せんしんろん》』にある「翼なくして飛び、足なくして走る」からできたことわざですが、西洋でも**「銭は丸くて転がり去る」**といいます。

ちなみに、「お足が足りない」とお金のことを「お足」というのは、もとは女房詞《にょうぼうことば》(宮中に仕《つか》える女房たちが使っていた一種の隠語)で、「足なくして走る」からできた言葉とする説もあります。

お金にはなかなか巡り合えないもの

金が敵《かたき》

意味 敵を探して尋ね歩いてもなかなか巡り合えないように、お金と巡り合うのはなかなか難しいということ。

このことわざは115ページでも紹介していますが、「金は人を苦しめる仇敵のようなもの」という意味のほかに別の意味があるので分けてみました。

お金は世の中を回っていても、足がなくとも逃げ回るし、あるところは片寄っているので、巡り合うには運が必要ということでしょうか。

金持ち

金持ち金使わず

金持ちは無駄な金は使わない

意味 金持ちは無駄な金は使わない。また、少しの出費も惜しむので、金を持たない者から見るとけちに見える。そのぐらい金を使わないから金がたまるのである。

同じように持っているだけでそれを使わない人のことを次のようにいい、これらを組み合わせていうこともあります。

槍《やり》持ち槍を使わず

槍持ちは主人の槍を持って従った家来で、仕事で持っているだけで自分は使わない。

弁当持ち弁当使わず／弁当持ち先へ食わず

弁当を運ぶ役目の者も自分は食べない／主人より先に食べない。

この三つを合わせて「**金持ち槍持ち弁当持ち**」ともいいます。

逆に、金のない者ほど無駄なお金を使うということを「**金なき者は金を使う**」、金に余裕のない者は安物買いをしたり、無計画に金を使ったりするために、結局は無駄遣いをしてしまうことになるということを「**なけなしの無駄遣い**」といいます。

金持ちはつまらないことで人とは争わない

金持ち喧嘩《けんか》せず

意味 金持ちは、喧嘩をすると損はしても何も得することはないということを知っているので、つまらないことで他人と争うような無駄なことはしない。また、有利な立場にある者は、その立場を失わないために人とは争わないようにする、という意味もあります。

人はお金に余裕があれば心にも余裕ができ、小さなことは気にならなくなるものなのでしょう。

西洋では**「訴訟は金がかかるから和解しろ」**といいますが、確かに訴訟には労力と時間と費用がかかるので、こういう考え方もあるのですね。

金持ちは意地汚い？

金持ちと灰吹《はいふ》きは溜《た》まるほど汚い

意味 「灰吹き」は煙草盆《たばこぼん》に付いている、煙草の灰や吸い殻などを吹き落す竹筒のこと。灰吹きに灰や吸い殻がたまればたまるほど汚くなるように、金持ちは金がたまるほど欲張りで意地汚くなる。

これには同様のことわざがいくつもあります。金持ちには金の亡者のような人もいるでしょうが、金を持たない人にはわずかな金額にもこだわるところが意地汚く見えるのかもしれませんし、金持ちへのひがみや妬《ねた》みも多分にあったのでしょう。どれも金や金持ちと汚いものばかりが並びます。

金と塵《ちり》は積もるほど汚い／金と痰壺《たんつぼ》は溜まるほど汚い／掃き溜めと金持ちは溜まるほど汚い／溜まるほど汚いのは金と芥《あくた》

西洋でも同じように**「糞《くそ》と金は足並みがそろう」**といいます。

金持ちには貧乏人にはわからない苦労がある

金持ち苦労多し

意味 金持ちには金持ちなりの苦労が多い。金を持っていると、盗まれたり詐欺にあったりしないように、その金を守るための心労は、貧乏人にはわからないもの。

金目当てに言い寄ってくる者や、知らない親戚や知人がどこからともなく現れるのもよくある話です。

また、持っているお金をうまく使えずに苦労することもあります。これも貧乏人にはわからない苦労ですが、しゃれをきかせて**「下手な将棋で金銀持って苦しむ」**といいます。下手な将棋指しは、金将や銀将の駒を持っていながらそれをうまく使えずに、かえって自分が苦しんでしまう。金を持っているのに、それをうまく使うどころか、面倒なことやいざこざなどに巻き込まれ、金を持っているばかりにかえって苦しむというしゃれです。

金持ちもお金に困ることがある

金持ち小銭に困る

意味 金持ちというのは多くの財産はあっても、日常生活に必要な小銭に不自由する。考えられないような矛盾のたとえです。
今の時代なら、金持ちも自動販売機で何か買う時に小銭がなくて困ることがあるだろう、と思いましたが、そもそも自動販売機で買うことはなさそうです。

お金をためるには

小額でも粗末に扱うな

一銭を笑う者は一銭に泣く

意味 たかが一銭と馬鹿にして笑う者は、やがてその一銭のために泣く羽目になる。どんなに少ない金額でも、決して粗末にしてはならないという戒めで、**「一円を笑う者は一円に泣く」**ともいいます。

ちなみにこれは、大正時代に逓信省《ていしん》（交通・通信行政を管掌）為替《かわせ》貯金局が貯蓄奨励用標語を公募し、二等に選ばれたものがことわざとして定着したものです。当時の官報を見ると、この時の一等は「貯金は誰も出来る御奉公」で、二等はもう一つあり「現金は痩せ貯金は太る」でした。一等はいかにも役人が好みそうな標語です。

辛抱しながらこつこつと働く
辛抱は金　挽《ひ》き臼は石

意味 「挽き臼」は穀物などを挽いて粉にする石臼のことで、その心棒が鉄《かね》でできていることに掛けて、金を使いたくなるのを辛抱し、怠けたいのを我慢してこつこつと働けば金持ちになれるということ。「辛抱は金」とだけいうこともあり、また「石臼でも心棒は金」ともいいます。

ちなみに、「辛抱」はじっと我慢することと、つらい仕事でも我慢して勤めるという意味があり、「辛棒」とも書きます。「辛抱の棒が大事」ともいいますが、これは「辛抱」と車の「心棒」を掛けているそうですが、いずれにしても、辛抱という強い棒を常に持って歩く、常に心に持っておくことが大事ということでしょう。

無駄遣いをしないように心掛けなさい
財布の紐《ひも》を首に掛けるよりは心に掛けよ

意味 財布の紐を首に掛けて、金銭を盗まれないように気をつけるよりも、無駄遣いをしないように心掛けるほうが大切だということ。

ちなみに、財布だけでなく人も口を開くと何

かしら無用な失敗をすることがあるので、どちらも口は締めておいたほうがよい、つまり、余計なおしゃべりも無駄遣いも慎みなさいということを「口と財布は締めるが得」といいます。

何事も辛抱すればいつか実を結ぶ
辛抱する木に金がなる

意味 「辛抱する木」は「辛抱する気」と掛けて、お金の倹約やつらい仕事など、何事も辛抱強くこつこつと励んでいれば、木に実がなるように、いつか成功して財産もできるということ。

ちなみに「金のなる木」は、本人が働いたり努力したりしないで、たえず利益や金銭をもたらす財源、金蔓《かねづる》のことですが、西洋でも〝money tree〟といい、〝Money doesn't grow on trees, you know.〟（金のなる木があるわけじゃないんだよ）というように使うそうです。

究極の方法
金は三欠《さんか》くにたまる

意味 お金は義理を欠き、人情を欠き、人付き合いを欠くぐらいにがめつくならなければたまらない。人並みの生き方をしていてはお金をためることなどできない、大事なものを犠牲にするくらいの覚悟がなくてはならないということ。「三欠くの法」「金は不浄に集まる」（「不浄」は心が清らかでない、けがれている）などともいいます。

これに関連して、夏目漱石の『吾輩は猫である』の中に面白いものを見つけました。

今もある実業家の所へ行って聞いてきたんだが、金を作るにも三角術を使わなくちゃいけないというのさ。義理をかく、人情をかく、恥をかく、これで三角になるそうだ。面白いじゃないか。

「三角術」は数学の三角法のことですが、「三欠くの法」を言い換えたのかもしれません。

最後にお金にまつわる面白いことわざを一つ

それにつけても金の欲しさよ

意味 「それにしても金さえあればなあ」と金の欲しいことをため息まじりに言う言葉なのですが、これは連歌の下の句で、どんな上の句に付けてもそれらしく聞こえるという、室町時代の連歌師・山崎宗鑑《やまざきそうかん》の句といわれています。

私も一句作ってみました。

いつまでもあると思うな親の金
それにつけても金の欲しさよ

人に頼らず倹約を心掛けなさいという戒めのことわざ、**「いつまでもあると思うな親と金」**をもじって、下の句をつけてみました。

花木

豊かな自然に囲まれた日本では、
古くから花や木々を芸術に取り入れ、
日本人ならではの自然観を
俳句や和歌、ことわざで表現してきました。
そこには深い意味と味わいが秘められています。

百花《ひゃっか》

先陣をなす花
梅は百花《ひゃっか》の魁《さきがけ》

意味　その年のどの花よりも早く咲くのが梅であるという意味。また、優れた人物などが輩出する時、先陣をなすもののたとえでもあります。

「さきがけ」は「先駆け」とも書きますが、ほかの者に先んじて馬で敵中に攻め入ることがもとの意味で、「魁」には、かしら、その道を初めて開いた人、優れているという意味もありますのでこの字を使ったのでしょう。

花の咲く順を兄弟に見立てて
梅は花の兄《あに》　菊は花の弟《おとうと》

意味　年初に咲く梅の花をその年に咲く花の兄、多くの花に遅れて咲く菊を花の弟に見立てた言葉。

季語で「花」は桜を指しますが、古くは百花に先駆けて咲くところから梅の花を指していました。しかし、平安時代後期頃から、春の花を代表する桜の花を指すようになりました。

ちなみに、**「花の兄」**は梅の異名、**「花の弟《おとと》」**は菊の異名で、**「花の王」**は、花の中で最も優れているもの、日本では桜、中国では牡丹《ぼたん》を指します。

梅の花一輪に春を感じる

梅一輪一輪ずつの暖かさ

意味 梅のつぼみが一輪ほころび、また一輪ほころび、それにつれて少しずつ暖かくなってゆき、日ごとに春めいてくること。

これは松尾芭蕉の弟子・服部嵐雪《はっとりらんせつ》の句をもじったもので、もとは「梅一輪一輪ほどの暖かさ」でした。「一輪ずつ」ではなく「一輪ほど」なので、「梅の花が一輪咲き、そのわずか一輪にもかすかな暖かさが感じられる」というような意味にも受け取れます。

美しいものが並んでいるたとえ

梅と桜

意味 美しいもの、素晴らしいものが並んでいることのたとえ。

「梅と桜を両手に持つ」というと、美しいものや好ましいものを同時に所有することで、これを言い換えると**「両手に花」**ということです。

梅と桜のそれぞれの良さを並べたことわざもあります。

梅は香りに桜は花

梅は花の香りが、桜は花のさまが優れている。

散るは桜薫るは梅

桜は散り際がいさぎよく、梅は香りが高い。

日本人は咲き誇る桜も好きですが、散り始めや桜吹雪も含めて花見を楽しみます。

ちなみに、散った花びらが水面に敷きつめられたようすを橋に見立てて「**花の浮橋**」といいます。以前、小さな池の水面が散った桜の花びらで覆《おお》い尽くされた光景を見たことがありますが、それはもう見事でした。

現実にはできない理想

梅が香《か》を桜の花に匂わせて柳の枝に咲かせたい

意味 それぞれの優れた特徴を一か所に集めてみたい。それぞれの良いところを持った植物があるといいなあ、と現実にはできない理想のこと。

これは『後拾遺《ごしゅうい》和歌集』の中原致時《なかはらのむねとき》の次の句からできたことわざです。

梅が香を桜の花に匂はせて
柳が枝に咲かせてしがな

（「しがな」は、したいものだ、したいなあ、という意）

奈良の吉野は昔から桜の名所

花が見たくば吉野へござれ

意味 桜が見たければ桜の名所である奈良の吉野へおいでなさい。何事もそれぞれの本場へ行くことが大切だというたとえ。

吉野山の桜は「**一目《ひとめ》千本**」といわれるように、多くの桜が一目で見渡せることで有名で、古くから歌に詠まれています。「**花はみ吉野　人は武士**」（桜の花の最も美しいところは吉野山で、人で優れているのは武士である〈「み吉野」は

吉野の美称〉ということわざもあります。

桜が散るように世の移り変わりは激しい

世の中は三日見ぬ間の桜かな

意味 桜の花が三日見ない間に散ってしまうように、世の中の移り変わりは激しくてはかないものだ。「三日見ぬ間の桜」ともいいます。

これは江戸時代の俳人・大島蓼太《おおしまりょうた》の句からできたことわざですが、その句は、いつの間にか桜が咲いていたということを詠んだものでした。

世の中は三日見ぬ間に桜かな

（三日外出しないでいたら世間ではいつの間にか桜が咲きそろっていた）

「三日見ぬ間に」が「三日見ぬ間の」と誤って伝わり、世の中を三日見ない間に桜が散ってしまったという意味になってしまいました。

明日も桜の花は咲き誇っていると思っていたのに

明日《あす》ありと思う心の仇桜《あだざくら》

意味 「仇桜」は、はかなく散ってしまう桜の花のことで、明日があると思っていると、桜の花がはかなく散ってしまうように、機会を失うことになる。世の中や人生、いつどんなことが起こってどうなるかわからないという、世の無常を説いたものです。

これは鎌倉時代の僧・親鸞《しんらん》作といわれる句ですが、この後に続く下の句があります。

明日ありと思ふ心の仇桜
夜半《よわ》に嵐の吹かぬものかは

（桜の花が明日もまだ咲き誇っているだろうと思っていると、夜半に嵐が吹いて花が散ってしまうかもしれない）

明日こそ花見をしようと思っていたら、次の日には散ってしまっていたというのはたまにありますね。花見は「**思い立ったが吉日**」ということでしょう。

優劣がつけがたく選択に迷うたとえ

いずれ菖蒲《あやめ》か杜若《かきつばた》

意味 菖蒲も杜若もアヤメ科のよく似た花で、区別することが難しいことから、どちらも優れていて優劣をつけがたく、一つを選ぶのに迷うこと。

古くは「**いずれ菖蒲**」という形で用いられていました。これはある物語の中で平安時代末期の武将・源頼政《みなもとのよりまさ》が詠んだ歌によるとされています。

源頼政が鵺《ぬえ》という怪鳥を退治した褒美として、鳥羽院が寵愛《ちょうあい》していた菖蒲前《あやめのまえ》という女性を賜ることになったのですが、同じ装束《しょうぞく》を着せた何人もの美女たちの中から見つけ出すよう言われ、頼政は誰が菖蒲前かわからず、困り果てて歌を詠みました。

鎌倉時代の軍記物『源平盛衰記』にある歌は、

五月雨《さみだれ》に沼の石垣《いわがき》水越へて
何《いず》れか菖蒲引きぞわづらふ

（五月雨が降り続いて沼の水が石垣を越えてしま

い、どれが菖蒲かわからず引き抜くことができません)

南北朝時代の軍記物『太平記』にある歌は、

五月雨に沢辺《さわべ》の真薦《まこも》水越へて
何れ菖蒲と引きぞわづらふ

(五月雨が降り続いて沢辺の水が増し、真薦も水中に隠れてどれが菖蒲かわからず引き抜くことができません〈「真薦」は水辺に群生する植物のこと〉)

この後に、「近衛関白殿余りの感に堪へかねて、自ら立って菖蒲前の袖を引き、これこそ汝《なんじ》が宿の妻よとて、頼政にこそ下されけれ」とあり、頼政はめでたく菖蒲前を妻に迎えることができました。

ちなみに、「菖蒲」と「杜若」の花は確かによく似ていますが、よく見てみると、菖蒲には垂れ下がった花びらに網目模様があり、杜若には網目模様がありませんので、これが一つの見分け方です。

六日の菖蒲《あやめ》十日の菊

時機に遅れて役に立たないことのたとえ

意味 菖蒲は五月五日の端午《たんご》の節句に、菊は九月九日の重陽《ちょうよう》の節句に飾るので、節句に一日遅れた菖蒲と菊は役に立たないところから、時機に遅れてしまって役に立たないことのたとえ。単に「六日の菖蒲」「十日の菊」ともいいます。

端午の節句も重陽の節句も中国に由来する五節句の一つです。端午の節句は、古くは邪気を払うためにショウブやヨモギを軒に挿していましたが、江戸時代以後、男子の節句とされ、甲冑《かっちゅう》や武者人形を飾り、鯉幟《こいのぼり》を立てるようになりました。

重陽の節句は陰暦九月九日に行われる節会《せちえ》で、平安時代には宮中の年中行事となって観菊の宴《うたげ》が催され、菊を用いて厄払いや長寿祈願をしていました。菊の節句ともいいますが、現在では五節句の中でも影の薄いものとなってしまいました。

物事の盛りの時期は短い

朝顔の花一時《ひととき》

意味 朝顔の花は、朝咲いて昼までもたないでしぼんでしまうことから、物事の盛りの時期は極めて短く、衰えやすいこと、はかないことのたとえ。

「朝顔は晦朔《かいさく》を知らず」（「晦朔」は晩と朝）、**「槿花《きんか》一日《いちじつ》の栄《えい》」**（「槿花」はムクゲの花で朝開いて夕方しぼむ）、**「花七日」**などともいいます。

花と同じように人の盛りもごく短い一時期のこと、栄華は長続きしないということを、**「花一《いっ》時《とき》人一盛《ひとさか》り」**といいます。

花の命は短くて苦しきことのみ多かりき

これはことわざではありませんが、『放浪記』の作者として知られる林芙美子《ふみこ》が色紙などに好んで書いた短詩で、女性を花にたとえ、楽しい若い時代は短く、苦しい時が多かった自分の半生を詠んだものです。

そのものにふさわしい環境がある

やはり野《の》に置け蓮華草《れんげそう》

意味 野原で咲いているからこそ蓮華草は美しいのであって、摘んで観賞するものではない。同じように、ものにはそのものにふさわしい場所があり、人にもその人にふさわしい環境があるということ。

これは江戸時代、播磨《はりま》（兵庫県）の俳人・瓢水《ひょうすい》が、遊女を身請けしようとした友人をいさめて詠んだ句、「手に取るなやはり野に置け蓮華草」からできたことわざです。

ちなみに、蓮華草はゲンゲ（紫雲英）の別名です。

もとは人を笑う語

花より団子

意味 これは、風流を解《かい》さない人を批判する、風流より実利を選ぶ、外観よりも実質を重視するたとえとして使われますが、もとは、花見に行ってきれいな桜を見るよりも、茶店の団子を食べることばかりに熱心な人を笑った語です。

これと同じことをいう面白いことわざがあります。「**花の下より鼻の下**」といい、花の下で美しい花を見て楽しむよりも、鼻の下にある口に食べさせることのほうが先である。同音の「はなのした」を使ったしゃれです。

花見は古くから行われ、豊臣秀吉も京都の醍醐寺《だいごじ》で豪華な花見の宴を催していますが、庶民の間では、江戸時代から盛んになったようです。

「は」を掛けたしゃれ

五月《さつき》の桜で葉ばかりさま

意味 「五月の桜」は花が散った葉桜のこと、「はばかりさま」は、「恐れ入ります」「ご苦労さま」と、他人に手数を掛けた時などに言う言葉で、「葉」の「は」と「はばかりさま」の「は」を掛けたしゃれです。

ちなみに「**はばかりながら葉ばかりだ**」は、実がない、実質がないことをいうしゃれです。

花と月の楽しみ方

花は盛りに月は隈《くま》なきをのみ見るものかは

意味 花は満開の時、月は陰りなく照っているところばかりを見るものではない。物事はその最盛期の前後や、不完全な姿から完全な姿を思い描くところにも味わいや深い面白みがあるものだということ。

これは『徒然草《つれづれぐさ》』の第一三七段の最初にある一文です。

花は盛りに、月は隈なきをのみ見るものかは。雨に向かひて月を恋ひ、たれこめて春のゆくへ知らぬも、なほあはれに情け深し。咲きぬべきほどの梢《こずえ》、散り萎《しお》れたる庭などこそ見所多けれ。

（花は盛りに咲いているのだけを、月は一点のくもりもないのだけを見るべきものであろうか。雨に向かって月を恋い慕い、簾《すだれ》を垂れた部屋にこもって春の盛りを知らないのも、やはり情趣

の深いものだ。今にも咲きそうに見える梢や、花の散りしおれている庭などにこそ、見所は多いものだ。）

「月の眺めは半輪《はんりん》花の楽しみは半《なか》ば」も同様の趣旨のことわざで、月は半輪、花は咲き始めた頃が楽しめる。物事はまだ完全ではないところに、面白みがあるということ。

ちなみに**「月花《つきはな》」**は、月と花に代表されるような風雅な物事、**「月雪花《つきゆきはな》・雪月花《せつげっか》」**は、四季折々の風雅な眺めのことで、**「月雪花を一度に眺めるよう」**は、多くの美しいものを一目に見渡すこと、多くの良いことを一度に手に入れること、**「月雪花は一度に眺められぬ」**は、良いことを全部一度に手に入れることはできないということを意味することわざです。

紅葉《もみじ》

紅葉の美しさ

紅葉《もみじ》の錦《にしき》

意味 一面に紅葉したもみじの美しさを錦に見立てていう語で、**「紅葉《もみじ》の衣《ころも》」**ともいいます。

これは『古今和歌集』『小倉百人一首』にある菅原道真《すがわらのみちざね》の有名な句にあります。

このたびは幣《ぬさ》も取りあへず手向山《たむけやま》
紅葉の錦神のまにまに

〈今回の旅は急のことで、幣〈神に捧げる供え物〉

も用意することができませんでした。手向山の美しい紅葉を幣として捧げますので、どうかお心のままにお受け取りください）

ちなみに、「紅葉《もみじ》の帳《とばり》」は一面に紅葉したさまを室内に垂れ下げて隔てとする布、帳に見立てた語ですが、まさにこの光景を京都のお寺で見たことがあります。

「紅葉《もみじ》の笠《かさ》」は紅葉した枝の美しさを笠に見立てた語ですが、これも同じく京都で、きれいな紅葉の笠の下で雨宿りさせてもらったことがあります。

「もみじ」の語源は、秋になり草木の葉が紅や黄色に色づく意の動詞「もみず」（古くは「もみつ」）の連用形が名詞化したもので、漢字では古くは「黄葉」と書いていましたが、平安時代以後は「紅葉」と書く例が多いようです。

紅葉《もみじ》の橋

天《あま》の川に架かる橋

意味　天の川に架かるという、もみじでできた橋。また、もみじの落ち散っている山中の橋のこと。

これは『古今和歌集』にある歌からできた言葉です。

天河《あまのがわ》もみぢを橋に渡せばや
　たなばたつめの秋をしも待つ
（詠み人しらず）

（天の川にもみじの橋が渡されるからだろうか、織姫が秋を心待ちにしているのは〈「たなばたつめ」は棚機つ女、織女星《しょくじょ》のこと〉）

『新古今和歌集』の西園寺公経《さいおんじきんつね》の句にも詠まれています。

星あひの夕べ涼しき天の川
**　紅葉の橋を渡る秋風**

（七夕の夕べは涼しく天の川に架けられたもみじの橋を秋風が涼やかに吹き渡るよ〈「星あひ」は七月七日の夜、牽牛《けんぎゅう》・織女の二つの星が出合うこと〉）

ちなみに、七夕は七月七日に牽牛星（和名は彦星）と織女星（和名は織姫星）を祭る行事ですが、陰暦では秋に行われていたので、「七夕」「天の川」「牽牛」「彦星」「織女」「織姫」「星合い」「紅葉の橋」はすべて秋の季語です。

霜葉《そうよう》の美しさ

霜葉は二月《にがつ》の花よりも紅《くれない》なり

意味 霜が降りて赤くなったもみじは、二月の花よりも赤くて美しい。「二月の花」は春の花のことですが、桃の花ともいわれます。

これは、中国・唐の詩人、杜牧《とぼく》の『山行《さんこう》』にある詩の一節ですが、杜牧の詩は平明なので江戸時代から愛唱されていました。原文は「霜葉紅二於二月花一」で、もみじや楓《かえで》を「紅於《こうお》」と呼ぶのは、この句に由来します。

ちなみに、「楓」は、その葉の形が蛙《かえる》の手に似ているので、古くは「かえるで」といっていたのが変化したものです。

女性が顔を赤らめる

顔に紅葉《もみじ》を散らす

意味　女性が恥ずかしさのあまり、まるでもみじの葉を散らすように、ぱっと顔を赤らめること、また、怒りなどで顔を赤くすることで、単に「紅葉を散らす」ともいいます。

「顔に火を焚《た》く」も、恥ずかしさや怒りなどのために顔を赤くすることですが、怒りに火がついた感じのほうが強いような気がします。

双六《すごろく》で紅葉を散らす妻と妾《めかけ》

これは『柳多留《やなぎだる》』にある川柳ですが、妻と妾が顔を赤くしながら、火花を散らして争っている状況を詠んだのでしょう。

四季

「日本ほど四季がはっきりしている国はない」
といいます。そのためか、
季節にまつわることわざは数多くあります。
俳句や短歌に用いられる季語も
短い言葉で季節を表現したことわざです。

春

春の日は暮れそうで暮れぬ

日が長くなっていくことのたとえ

意味　春の日は傾いてもなかなか沈まない、日が次第に長くなること。

「暮れる」に「呉れる」を掛けて、「春の日と親類の金持ちはくれそうでくれん」のように、物やお金などをくれそうでくれないというしゃれとしても使われます。

「男と女」の章でも、**「一人娘と春の日はくれそうでくれぬ」「春の日と継母《ままはは》はくれそうでくれぬ」**というのを取り上げています。

春は蛙《かえる》が目を借りる

春、眠いのは……

意味　人が春に眠気を催すのは、蛙が人の目を借りるからだという面白い言い伝えからできたことわざです。

春、蛙が盛んに鳴く頃の眠くてたまらない時期を、**「蛙の目借り時」**といいますが、「目借り」は、蛙の雄が雌を求める「妻《め》狩り」から転じたものともいわれています。

人が眠たくなるのを蛙のせいにするという考えはどこから出てきたのでしょう。蛙の目をじっと見ていると、眠たくなるような気もしますが。

ちなみに、**「春眠暁を覚えず」**は、中国の孟《もう》浩然《こうねん》の『春暁《しゅんぎょう》』の次の一節に由来します。

春眠暁を覚えず
処処啼鳥《しょしょていちょう》を聞く

（春の夜の眠りは心地よく、夜が明けたのも気づかないほどです。あちらこちらから鳥のさえずりが聞こえてきます）

春の夜《よ》の夢

はかなく短い

意味 短いこと、はかないことのたとえ。

この言葉は、和歌に多く見られますが、『平家物語』の「祇園精舎《ぎおんしょうじゃ》」の冒頭にもあります。

祇園精舎の鐘の声、諸行無常《しょぎょうむじょう》の響きあり
沙羅双樹《しゃらそうじゅ》の花の色、盛者必衰《じょうしゃひっすい》の理《ことわり》をあらはす
驕《おご》れる人も久しからず、ただ春の夜の夢のごとし

（祇園精舎〈釈迦《しゃか》が説法をしたという寺〉の鐘の音には諸行無常の響きがある。釈迦入滅の時に白色に変じたという沙羅双樹の花の色は盛んな者も必ず衰えるという道理を表している。驕り高ぶった人もその隆盛は長くは続かない、ただ春の夜の夢のようにはかないものである）

ちなみに「驕れる人も久しからず」は**「驕る平家は久しからず」「驕れる者久しからず」**ということわざになっています。これをもじって「踊る平家は久しからず」ともいっていたそうです。

花咲く春に遭《あ》う

時節に巡り合って世に出る

意味 不遇でいた人が、時節に巡り合って世に出ること。今まで認められていなかった者がようやく認められ、腕を振るえるようになること。

この言葉は平安時代の『拾遺《しゅうい》和歌集』の凡河内躬恒《おおしこうちのみつね》の歌にあります。

三千年《みちとせ》になるてふ桃の今年より
　花咲く春にあひにけるかな

(三千年に一度実を結ぶという桃の花が今年咲く春にめでたく出遭えたものだなあ)

「三千年の桃」は漢の武帝《ぶてい》が西王母《せいおうぼ》からもらって食べた、三千年に一度実を結ぶという不老長寿の桃で、非常に珍しく、またためでたいもののたとえでもあります。「花が咲く」は時期がきて栄える、「春」は勢いの盛んな時期という意味もあります。

ちなみに、**「埋もれ木に花咲く」**は、埋もれていた木に芽が出て花が咲くことから、運が巡ってきて、再び世に出ることで、**「老い木に花咲く」「枯れ木に花咲く」**も、ほぼ同じ意味を持つことわざです。

山笑う

春の山の形容

意味 新緑や花などによって、山全体が萌《も》え始めた、華やかな春の山のようすを表した季語（ことわざ）です。

これは中国の「春山淡冶《しゅんざんたんや》にして笑うが如《ごと》く」からできた言葉とされていますが、「山笑う」という二語だけで、春の山の情景を思い描くことができる趣《おもむき》のある言葉で、私が好きな言葉の一つです。

故郷《ふるさと》やどちらを見ても山笑う

これは正岡子規《まさおかしき》の句集『寒山落木《かんざんらくぼく》』にある句で、懐かしい故郷の山全体に花が咲いて、温かく迎えてくれているように感じられます。

ちなみに、「わらう」を辞書で調べると、「笑う」に加えて「咲う」と載っているものもあります。古来中国では「咲」は「わらう・えむ」という意味の字でした。「鳥鳴花咲」は本来「鳥鳴き花わらう」という比喩的な言葉なのですが、日本ではこの「咲」を花が「さく」という意味に転用し、今日に至ります。

春の風の形容

風光る

意味 春のうららかな日差しの中を吹き渡るそよ風さえも、きらきらと光っているようなさまを表した春の季語（ことわざ）です。

冬の間小さく縮こまっていた植物や動物、人の心に春の風が生気を吹き込んでいるように感じられます。

装束《しょうぞく》をつけて端居《はしい》や風光る

（着物を着て縁側に座っていると、春の暖かな日差しの中を吹き渡るそよ風さえもきらきらと光っているようだ）

これは正岡子規に師事した高浜虚子《たかはまきょし》の句で、春の日差しの暖かさとそよ風の気持ちよさが伝わってきます。

この頃から天候が安定する

八十八夜の別れ霜

意味 八十八夜の頃に降りる霜のことで、「別れ霜」は「名残の霜」「忘れ霜」ともいいます。

八十八夜は、立春から八十八日目、現在では五月二日頃で、春から夏に移る季節の変化の目安となる日とされ、これ以降は霜が降りないとされています。その後は天候も安定するので、農家は苗代作り、畑の作物の種蒔《ま》き、茶摘み、養蚕《ようさん》などで忙しくなります。

また、「八十八」を組み合わせると「米」という字になるので、稲作農家にとっては重要な日でもあります。

ちなみに、「八十八夜」「別れ霜」「名残の霜」「忘れ霜」「苗代」「種蒔き」「茶摘み」「蚕《かいこ》」はすべて春の季語になっています。

夏

初夏の代表的な風物

目には青葉　山時鳥《やまほととぎす》　初鰹《はつがつお》

意味　これは江戸時代の俳人・山口素堂《そどう》の俳句ですが、ことわざとして多くの辞書に取り上げられています。「青葉」「山時鳥」「初鰹」はどれも夏の季語で、初夏の季節感が視覚・聴覚・味覚で調子よく巧みに表現されています。

この句の説明を素堂自身が『とくとくの句《く》合《あわせ》』の中で、俳句の前に「鎌倉一見《いっけん》の頃」と前置きし、

目には青葉といひて、耳にほととぎす、口に鰹と、おのづから聞こゆるにや、鎌倉中の景色これにすぎず

（目には青葉と言って、耳にはほととぎす、口には鰹と、自然に聞こえるであろうか、鎌倉中の景色はこれにまさるものはない）

と書いています。

ちなみに、江戸時代、初夏の頃に獲れる走りの鰹は、黒潮に乗ってきたものが鎌倉や小田原で獲れ、江戸で珍重されていたそうです。

自分から危険に飛び込む

飛んで火に入《い》る夏の虫

意味　夏の夜、虫が燃える火に引き寄せられ、自ら火に飛び込んで焼け死んでしまうように、

自分から進んで危険や災難に飛び込むことのたとえ。

このことわざには昔からさまざまな表現のものが見られます。

夏虫の火に入るごとし（『万葉集』の歌より）
愚人《ぐにん》は夏の虫、飛んで火に焼く（鎌倉時代の軍記物『源平盛衰記』）
夏の虫飛んで火に入る（鎌倉時代の軍記物『曽我物語』）
我と火に入る夏の虫、焦《こ》がれ死にとはこの事か（浄瑠璃『八百屋お七』）
飛んで火に入る夏の虫／愚人夏の虫（正岡子規編『日本の諺《ことわざ》』）

ちなみに、中国の南朝の梁《りょう》の歴史を記した『梁書』（六二九年）に「飛蛾《ひが》の火に赴《おもむ》くがごとし」とあり、これが日本のことわざの由来という説もあります。

口にしない者のほうが思いは切実

鳴く蝉《せみ》よりも鳴かぬ蛍《ほたる》が身を焦がす

意味 激しく鳴く蝉よりも、鳴くことのできない蛍はかえってその思いの激しさに、まるで身を焦がすように光っている。口に出してあれこれ言う者よりも、じっと内に堪えている者のほうがずっと心中の思いは切実だというたとえで、単に「**鳴かぬ蛍が身を焦がす**」ともいいます。

人形浄瑠璃や歌舞伎にこの言葉が使われているものがありますが、もとになったのは『後《ご》

拾遺《しゅうい》和歌集』にあるこの歌でしょうか。

音もせで思ひに燃ゆる蛍こそ
鳴く虫よりもあはれなりけれ

（声にも出さず、ただひそかな思いに燃えて飛ぶ蛍こそ、声に出して鳴く虫よりもあわれ深いというものだ）

蛍は恋、また、蛍と蝉はその命の短さから盛りの短いものにたとえられています。

水に燃えたつ蛍

水の上を燃えんばかりに光りながら飛び回る蛍。「水」と「見ず」を掛け、「燃えたつ」に、感情が激しく湧き上がる意を掛けて、相手に会うこともなく思い焦がれること。

蛍二十日に蝉三日

物事の盛りの時期の短いことのたとえ。

六月《ろくがつ》蝉の泣き別れ

陰暦六月になると、蝉は盛んに鳴き出すが、それはこの世を去る前の最後の鳴き声である。

秋

物のあわれは秋こそまされ

秋が一番趣《おもむき》がある

意味　しみじみとした趣、味わいは、四季の中で秋が一番優れている。

これは吉田兼好が『徒然草《つれづれぐさ》』にこう綴《つづ》っています。

「物のあはれは秋こそまされ」と、人毎に言ふめれど、それもさるものにて、今ひとときは心も浮き立つものは春の景色こそあめれ。

（「趣の深さはなんといっても秋が一番だ」と誰もが言うようで、それももっともなことだが、さらに一段と心も浮き立つものは春の気配であるようだ。）

物言えば唇寒し秋の風

うっかり物を言うと災いを招く

意味　これは松尾芭蕉が『芭蕉庵小文庫《ばしょうあんこぶんこ》』「秋の部」で「座右之銘」と題し、「人の短《たん》をいふ事なかれ、己《おのれ》の長《ちょう》をとく事なかれ」の後に添えた句で、人の短所や悪口を言った後は、後味が悪く、寒々とした気持ちに襲われてしまうと詠んだもので、本来はこの全文で、人の短所を非難したり自分の長所を自慢したりしてはならないということを戒めたものでした。

ここから、うっかり余計なことを言うと、そ

れが原因となって我が身に災いを招くことになるから、口は慎みなさいということわざとして用いられるようになりました。「秋の風」を省き、「物言えば唇寒し」ともいいます。

　喧嘩《けんか》をして相手に文句ばかり言った後、「秋の風」どころか「冬の風」のように自分が惨めな気持ちになったことがあります。

仲秋の名月を詠んだ歌

月月《つきづき》に月見る月は多けれど月見る月はこの月の月

意味　これは江戸時代のことわざ集『譬喩尽《たとえづくし》』に載っているもので、作者は不明ですが、三十一文字の中に、月の字を八つ詠み込んだ、仲秋の名月をたたえる歌です。

　仲秋の名月は「芋名月」ともいい、里芋を供えて月見をする風習がありますが、官家（貴人の家・公家）の女中が八月十五夜に芋に箸で穴を開け、その穴から月を見ながらこの歌を詠んだと、江戸時代の随筆『小窓間語《しょうそうかんご》』にあります。

　ちなみに、陰暦九月十三夜の月は、栗を供えて月見をするところから「栗名月」、また、豆を供えて月見をするところから「豆名月」ともいいます。

「秋」と「空き」を掛けて

身の三夕《さんせき》は秋の空腹

意味　「三夕」とは、『新古今和歌集』の中にある「秋の夕暮」という結びの優れた三首の和歌のことです。「秋」に「空き」を掛けて、三夕の歌は秋の情趣を詠んだ風流なものだが、自分は不風流でただ空腹を感じるだけだというしゃれです。

ちなみに、「三夕」は次の三つの歌です。

見渡せば花も紅葉《もみじ》もなかりけり
浦の苫屋《とまや》の秋の夕暮　（藤原定家《ふじわらのていか》）
（見渡すと春の花はもとより秋にふさわしいもみじすら何ひとつないよ　苫葺《とまぶ》きの海人の小屋が散らばるこの浦の秋の夕暮れは）

寂しさはその色としもなかりけり
真木《まき》立つ山の秋の夕暮　（寂蓮《じゃくれん》）
（寂しさはとりたててその色ということもできないなあ　けれどもどことなく寂しさが漂うよ　檜《ひのき》や杉の茂る山の秋の夕暮れは）

心なき身にもあはれは知られけり
鴫《しぎ》立つ沢の秋の夕暮　（西行《さいぎょう》）
（趣を解しない私のような身もこの趣にはしみじみと心打たれるなあ　鴫の飛び立つ沢の夕暮れは）

山粧《よそお》う

秋の山の形容

意味　晩秋の澄んだ空気の中で、もみじに彩られている山を形容した秋の季語です。「よそおう」は普通「装う」と書きますが、化粧をしたように紅葉で赤く染まる山を「粧う」という字で表しています。

搾乳《さくにゅう》の朝な夕なを山粧う

これは昭和の俳人・波多野爽波《はたのそうは》の句ですが、「搾乳」とは、朝と夕方の牛の乳搾りのことでしょうか。

怖いと思えばなんでも恐ろしい

落ち武者《むしゃ》は薄《すすき》の穂にも怖《お》ず

意味　「落ち武者」は戦いに負けて逃げていく武者のことで、敵がいつ襲ってくるかわからず常にびくびくしているので、ちょっとしたことや音にも怖がる。怖いと思えばなんでもないものまで恐ろしく感じてしまうというたとえです。単に**「薄の穂にも怖ず」**ともいい、**「疑心暗鬼を生《しょう》ず」**（心に疑いを持っていると暗闇の中にいるはずのない鬼の姿が見える）も同様の意味の言葉です。

朝帰りすすきの穂にもおじるなり

これは江戸時代の川柳集『柳多留《やなぎだる》』にある川柳でことわざではありませんが、これに共感を覚えた人もいることでしょう。

江戸中期の俳人・横井也有《やゆう》にも同様の俳句があり、ことわざにもなっています。

幽霊の正体見たり枯れ尾花

「尾花」はすすきの穂のことで、幽霊だと思っていたものをよく見たら、風に揺れる枯れたすすきの穂だったという面白い句です。「幽霊」はもとは「化け物」で、それが変化したものとされています。

天《てん》高く馬《うま》肥《こ》ゆる秋

日本では爽やかな秋の形容

意味 秋は空が澄み渡って高く晴れ、牧草も豊かになり馬も肥えてたくましくなることから、爽やかで気分の晴々とする秋の季節の形容。

これは中国に由来する表現で、もとは「秋高く塞馬《さいば》肥ゆ」といい、中国の秦・漢の時代、北方の遊牧騎馬民族・匈奴《きょうど》が実りの秋になると略奪のため中国の国境に侵入してきたことから、国境警備を強化すべき季節になったという警戒を喚起《かんき》する言葉でした。

ちなみに、万里の長城は中国歴代王朝が北方防衛のために造った城壁で、秦の始皇帝が匈奴に備えて大増築し、この名で呼ばれています。

冬

冬至《とうじ》冬《ふゆ》中《なか》冬《ふゆ》始《はじ》め

本当の寒さは冬至を過ぎてから

意味 冬至は、暦の上では冬の真ん中に当たるが、本当の冬の寒さは冬至以後に始まるということ。

冬至に関することわざはほかにもあります。

冬至十日たてば阿呆《あほ》でも知る

冬至から十日もたつとめっきり日が長くなるので誰にもわかる、また、寒さも強く感じられる。

冬至十日は居座り

冬至後の十日間はまるで太陽が座りこんでしまったように、一年中で最も南中高度が低く日が短く感じられる。

冬至に柚湯《ゆずゆ》に入ると良い

この湯に入ると風を引かない（日常生活で広く信じられてきた言い伝え）。

つらく厳しい時期を耐えれば幸せな時が訪れる

冬来たりなば春遠からじ

意味 寒くて暗い冬が来ているということは、暖かくて明るい春がやって来るのもそう遠くはない。今はつらく厳しい状態にあっても、やがてきっと幸せが訪れるに違いないから、じっと耐え忍び、辛抱しなさい、という意味のことわざ。文字どおり、春を待つ気持ちを表す言葉としても用いられます。

これは日本に古くからあるものかと思いきや、イギリスの詩人シェリーの『西風に寄せる歌』の一節からできたことわざでした。

つまらないものでも無いよりはまし

枯れ木も山の賑《にぎ》わい

意味 何もない殺風景な山よりも、枯れた木でもあればいくらかは山に風情を添えるものであることから、つまらないものでも、無いよりはあるほうがましであるということ。「**枯れ木も山の飾り**」「**枯れ木も森の賑わかし**」などともいいます。

これは、老人が若者の仲間に加わる時などに、

「枯れ木も山の賑わいですので私も参加させていただきます」というように謙遜して使う言葉ですので、他人に対して「枯れ木も山の賑わいと言いますから、ぜひ参加してください」などと言うのは、本来は失礼にあたります。特に目上の人には使ってはいけません。

ところが、文化庁の国語に関する調査では、半数弱の人がこの言葉の意味を「人が集まれば賑やかになる」と考え、年代別でも十歳代から七十歳以上のすべての年代で、本来の意味の「つまらないものでもないよりはまし」を上回っており、また、十年前の調査より十二ポイント増加していました。次の調査はまた十年後にあるかもしれませんが結果が気になります。

十月の木の葉髪

十月には木《こ》の葉《は》も髪も散り落ちる

意味 陰暦十月（現在の十一月）は落葉の時節であるということを「十月の木の葉落とし」といいますが、これをもじったのでしょう。木の葉がはらはらと散り落ちる頃には、同じように髪の毛もはらはらと抜け落ちてしまうことがうまく表現されています。

ちなみに「髪」には「友」という字がありますが、髪は友達という意味ではありません。もとは「髟」（かみの毛）に「犮」（「祓《はら》う」の旁《つくり》と同じ字で犬が後足ではねる意）を加えた「髪」（ばらばらに開くかみの毛）という字でした。また、「抜」も、もとは「拔」（余分なものを払いのけてそのものだけを引き抜く）という字でした。

冬の山の形容

山眠る

意味 山全体が枯れて生気を失い、深い眠りに入ったように静まりかえる冬の山を形容した季語（ことわざ）です。

硝子戸《がらすど》にはんけちかわき山眠る

（ガラス戸越しに洗濯物の乾いたハンカチと深い眠りについたような冬の山々が目に映る）

これは東京の浅草生まれで、大正から昭和にかけて活躍した俳人・久保田万太郎の句です。

冬の風の形容

風冴《さ》ゆ

意味 冬の風が冷たく身に沁みとおるように吹き渡り、寒さが一層増すことを表した冬の季語（ことわざ）です。「冴える」には寒さが厳しくなるという意味もあります。

風冴えて今朝《けさ》よりもまた山近し

（冬の風が吹き渡り、今朝見た山よりもさらに近くに山が見えるほど空気が澄んで寒さも増している）

これは江戸時代の俳人・加藤暁台《きょうたい》の句です。

ちなみに、冬の月が寒い夜空にくっきりと澄んで見えることを「**月冴ゆ**」、冬の寒気の中で鐘の音が澄んで響くことを「**鐘冴ゆ**」といい、どちらも冬の季語です。

天候・天災

日本は自然と共に生きる国です。
自然は私たちの目を楽しませてくれますが、
時として牙をむき、一瞬で日常を破壊する
恐ろしいものでもあります。

雪

空に知られぬ雪

舞い散る桜の花びら

意味 空の知らない雪、空から降ったわけではない雪の意から、舞い散る桜などの花びらを雪に見立てた表現で、「**空知らぬ雪**」ともいいます。

桜散る木の下風は寒からで
　空に知られぬ雪ぞ降りける

（桜の花が散る木の下を吹く風は寒くはないが、空には知られていない雪、落花の雪が降っている）

これは『拾遺《しゅうい》和歌集』にある紀貫之《きのつらゆき》の歌です。「**雪の花**」も、雪の降るさまを花の散るのに見立てたものですが、樹木や山に積もった雪を咲いた花に見立てた語でもあります。

これらの語は雪を花に見立てていますが、逆に花を雪に見立てたものもあります。雪の結晶が六角形であるところから、「**六《む》つの花**」「**六《ろっ》花《か》**」は雪の異称です。

かしらの雪

頭に降る白いもの

意味 白髪を雪や霜にたとえた語で、「**かしらに雪（霜）を戴《いただ》く**」ともいいます。

春の日の光にあたる我なれど
　かしらの雪となるぞわびしき

（春の光に当たる私ですが、髪は雪のように白くなってしまい、それが大変情けない思いです）

これは『古今和歌集』にある平安時代の歌人で六歌仙の一人、文屋康秀《ふんやのやすひで》の歌です。

また、年とともに増える白髪を雪にたとえて**「年の雪」**といいます。

白たへにかしらの髪はなりにけり
わが身に年の雪つもりつつ

（真っ白に私の頭の髪はなってしまったことだ。我が身に年がゆき頭に〈白髪の〉雪が降りつもって）

これは『後拾遺《ごしゅうい》和歌集』にある藤原明衡《ふじわらのあきひら》の歌ですが、どちらの歌も読んでいる私までわびしくなってしまいます。

雪と見まがうほどの白さ

雪を欺《あざむ》く

意味 その白さが雪にひけをとらないほど、非常に白いさま。特に、女性の肌の白さをいい、**「雪の肌《はだえ》」**ともいいます。

ちなみに「…を欺く」は、…にひけをとらない、…と紛れるということを意味し、**「昼を欺く」**（夜なのに明るくて昼間かと思うほどである）**「鬼を欺く」**（鬼かと思われるほど勇猛、容貌が恐ろしく鬼かと思うほど）などが辞書にあります。

雪のようにひらひらと舞う袖

回雪《かいせつ》の袖

意味 雪が舞うようにひらひらと袖を巧みに翻《ひるがえ》す舞いのことで、「回雪」を訓読した「**雪を回《めぐ》らす**」は、美しい舞い姿の形容です。

神女《しんにょ》空より降り下り、清見原《きよみはら》の庭にて回雪の袖を翻しけれども

（神女が空から降り下り、清見原の庭で雪が舞うようにひらひらと袖を翻したけれども）

これは『源平盛衰記』にある一文ですが、天女が羽衣の袖を翻して舞う姿が浮かんできます。

自分のためになると思えば苦にならない

我が物と思えば軽し笠《かさ》の雪

意味 自分の物と思えば笠に積もる雪も軽く思われる。つらいこと、苦しいことも、それが自分のためになると思うと苦にならないものだというたとえ。

このことわざのもとになったのは江戸時代の俳人・榎本《えのもと》其角《きかく》の句です。

我が雪と思へば軽し笠の上

ちなみに、「**笠の雪**」は笠の上に降り積もった雪のことですが、重い物のたとえでもあります。

雨

空の時雨《しぐれ》

こぼれ落ちる涙

意味 こぼれ落ちる涙を空から降る雨にたとえた言葉ですが、「時雨」は涙、「時雨《しぐ》れる」は涙が落ちる、「時雨心地《しぐれごこち》」は涙が出そうになる気持ちという意味があります。

涙は空が泣いていることにたとえたものが多く、**「空知らぬ雨」**（空から降った雨ではない）**「空に知られぬ村時雨《むらしぐれ》」**（「村時雨」はひとしきり激しく降ってはやみ、やんでは降る雨）**「雲知らぬ雨」「空の雫《しずく》」「空の露《つゆ》」**など、さまざまな表現があります。

身を知る雨

自分の身の程を知り流す涙

意味 自分の身の程を知る雨、つまり涙のことで、**「身を知る袖の村雨《むらさめ》」**ともいいます。

これは『伊勢物語』にある次の歌によるとされています。

数々に思ひ思はず問ひがたみ
身を知る雨は降りぞまされる

これは物語の中で前文を受けて詠まれた歌で、この部分だけでは解釈の難しい歌ですが、女性が男性からどう思われているのか、それを知って降る雨、つまり思われていないことを知って涙を流す悲しさを詠んだ歌です。

遣《や》らずの雨

帰ろうとする人を引き止めるかのように降る雨

意味 訪れてきた人が帰ろうとするのを、まるで引き止めるかのように降ってくる雨のこと。

空留めの客に遣らずの雨七日

これは江戸時代の俳人・立羽不角《たちばふかく》の句で、大雨で先へ進めない、雨で川が増水して川を渡れずにいる旅人を引き止めるかのように降り続ける雨を詠んだのでしょう。

私が中学生時代、読書の時間に読んだ島崎藤村の小説『夜明け前』にもありました。

半日でも多く友達を引き留めたくている半蔵には、その日の雨は遣らずの雨と言ってよかった。

頼む木の下《もと》に雨漏る

頼みにしていたのに当てが外れる

意味 木陰を頼って雨宿りしたのに、その甲斐《かい》もなくそこにも雨が漏ってくる。頼みにしていたのに当てが外れることのたとえ。

仕事を手伝ってもらう予定だった人が急用で来られなくなった、これしか解決の道はないと思っていた方法が結局だめだった、というような経験は皆さんもありますよね。

ちなみに、最後の頼りにしていたものもだめになってしまうことを「**頼みの綱《つな》も切れ果てる**」といいます。

西洋では「**木の下の雨宿りは二重に漏れる**」といいます。

人の論評をすること

雨夜《あまよ》の品定《しなさだ》め

意味 『源氏物語』の第二帖「帚木《ははきぎ》の巻」で、夏の長雨の夜に、光源氏や頭中将《とうのちゅうじょう》たちが女性の品評をする場面のこと。転じて、人の優劣などについて論評をすること。

この言葉自体は、第四帖「夕顔の巻」に出てきます。

ありし雨夜の品定めの後、いぶかしく思ほしなるしなじなあるに

（先の雨夜の品定めの後は、興味をお持ちになった女性にさまざまな階級があることを知り）

また、第五四帖「行幸《みゆき》の巻」には、「かのいにしへの雨夜の物語に」とあり、「**雨夜の物語**」は、退屈な時の暇つぶしの雑談を意味する言葉でもあります。

人から受けた恩を忘れてしまうことのたとえ

雨晴れて笠《かさ》を忘る

意味 雨がやんで晴れてしまうと、かぶっていた笠のありがたみを忘れてしまうことから、苦しいことや困難が去ると、その時に人から受けた恩を忘れてしまうことのたとえ。困難が去っ

てしまえば、すぐに受けた恩を忘れることを戒める言葉でもあります。**「暑さ忘れれば陰忘れる」「喉元過ぎれば熱さを忘れる」**ともいいます。

「笠を忘る」を現代に置き換えると、使っていた傘を雨が上がってどこかに置き忘れるのと同じことで、傘のありがたみを忘れてしまうから置き忘れてしまうのです。この言葉の奥には深い意味が込められており、こんな人にはなりたくない、なってはならないと感じさせることわざです。

雨降って地固まる

もめ事の後はかえって良い状態になる

意味 雨が降った後は、かえって土が固く締まって良い状態になることから、もめ事が起こると、それを解決するために議論をしたりして、互いの気持ちを理解し、かえって良い状態になること。**「雨の後は上天気」「諍《いさか》い果てての契《ちぎ》り」**ともいいます。

喧嘩《けんか》をした恋人や夫婦が、以前より仲が良くなったのを見た人がよく使う言葉ですが、西洋でも**「恋人同士の喧嘩は恋を新たにする」「嵐の後には静けさがくる」**といいます。

ちなみに、事が起こらないうちに用心をすることを、**「雨降らずして地固《かと》うする」**といいます。

北山時雨《きたやましぐれ》

「北」と「来た」を掛けたしゃれ

意味 「北山時雨」は京都の北山方面から降ってくる時雨のことですが、「北」と「来た」を掛けて、腹が減ってきたを「腹が北山時雨となって来た」「腹の加減も北山時雨」「腹が北野の天神北山時雨」、惚《ほ》れてきたを「あいつはおれに北山時雨だよ」、そろそろやって来たを「そろそろと北山時雨」などといいます。

江戸時代の流行語ではないかと思われるくらい、洒落本《しゃれぼん》・滑稽本《こっけいぼん》・浄瑠璃・歌舞伎などに使われています。ちなみに、現代の国語辞典にもしゃれとしての意味が載っています。

空

いざよう空や人の世の中

人の心ははっきりしない空のよう

意味 はっきりしない空模様のように、人の心は変わりやすく推し量るのは難しいこと。また、人の心が頼りにならないことのたとえ。「いざよう」は、進もうとしてなかなか進まない、ためらう、停滞することを意味し、「猶予う」と書きます。

ちなみに、「十六夜《いざよい》」は月の出が十五夜よりやや遅くなるのを、月がためらっていると見立てた語で、「猶予」とも書きます。

心が空《そら》になる

魂が抜けたような状態になる

意味 心が体から抜け出て呆然《ぼうぜん》とする。ほかのことに心が奪われて何も手につかない状態である。**「心空なり」**ともいいます。

これは『万葉集』の頃から見られる表現で、「空」は魂が抜けたような状態、心が動揺し落ち着かない状態を表す言葉に用いられています。

心の空
空の雲のようにいろいろな思いが浮かんだり消えたりする心の中。うわの空になって何も手につかない。

足を空
足が地につかないほど慌てふためく。

居る空がない
落ち着いていることができない、気が気でない。

空の煙《けぶり》になる

人が死ぬこと

意味 「空の煙」は空に立ち上る火葬の煙のことで、人が死ぬことを意味しています。

この表現は古くからあり、『蜻蛉日記《かげろう》』や『源氏物語』、和歌などに見られます。**「雲煙《くもけぶり》となる」**（死んで火葬の煙となる）**「形見の雲」**（火葬した煙が雲のように空にたなびくさま）**「空《むな》しき煙」**（火葬の煙）という表現も、いろいろな文学作品や歌に使われています。

思ってもどうにもならないこと

空に標結《しめゆ》う

意味　空に標縄《しめなわ》を結い渡すような、不可能なこと、思っても甲斐《かい》のないことを思い煩《わずら》うたとえ。

夢にだにまだ見ぬ人の恋しきは
空に標結ふ心地こそすれ

（夢にでさえまだ見たことがない人を恋しく思うのは、空に標縄を結い渡すような思っても甲斐のないような気がする）

これは『新勅撰和歌集』にある作者不明の歌ですが、ほかにも多くの恋の歌にこの言葉が使われています。

いざよう空

空に三つ廊下

意味　空が、照ろうか、曇ろうか、降ろうか、と迷っているかのように、天候のはっきりしないこと。三つの「ろうか」を「廊下」に掛けたしゃれです。

空をまるで意志をもっているかのように擬人化し、さらにしゃれを加えたその表現力に感心させられることわざです。

天災というもの

天皇の力でもどうすることもできないもの

賀茂川の水

意味 昔、京都の賀茂川はたびたび氾濫を繰り返し、天皇の力でもどうすることもできなかったことから、思うままにならないことのたとえ。

『平家物語』に、白河上皇でもどうすることもできないものという一文があり、賀茂川の水を筆頭に挙げているほど、大きな被害があったようです。

賀茂川の水、双六《すごろく》の賽《さい》、山法師《やまぼうし》、是《これ》ぞ我が心に叶《かな》はぬ物と、白河院も仰せなりけり

（賀茂川の水、双六のさいころ、比叡山《ひえいざん》の山法師〈僧兵〉ども、この三つはどうしても我の思いどおりにならないもの、と白河院もおっしゃった）

ちなみに、下鴨《しもがも》神社近くにある高野川《たかのがわ》との合流点から上流を賀茂川、下流を鴨川と書きます。

天変地異は天地のなすところ

風雨震雷《ふううしんらい》は天地の御政事《ごせいじ》

意味 大風・大雨・洪水・地震・雷などの天変地異は天地のなすところで、人の力で止めることはできないということ。「政事」は政治、まつりごとのことで、天変地異は天の神と地の神のまつりごとによってもたらされるものという

ことになるでしょう。

天災自体の発生を人の力で止めることは到底できませんが、現在はある程度その発生を予測することができるようになり、被害を軽減する取り組みもされていますが、近年は発生の頻度が以前より増し、被害も大きくなってきているように思われます。

地震と雷へのかなわぬ願い

地震を空へ上げ雷を地の下へ降ろしたし

意味 天災の中でもとりわけ、地震と雷は恐ろしいもので、もし地震が空で起こり、雷が地下で鳴ったら恐ろしいことはないから、そうなって欲しいというかなわぬ願いを語った言葉です。

「**雷は逃げ場がない**」ということわざもあり、雷の害は火難や水難などに比べてずっと恐ろしいものだといわれてきました。火災や大水はまだ逃げる場所があるかもしれませんが、農作業などで周りに何もないところにいたら、避難する場所がありません。

ちなみに、江戸城や大名の屋敷などには、地震や雷から避難するための特別な造りの部屋、「地震雷の間」が設けられていたそうです。

天災に対しての戒め

天災は忘れた頃にやってくる

意味 台風や地震、津波などの自然災害は、その被害の恐ろしさを忘れた頃に再び起こるもの。だから天災には普段から油断せず用心して備えておかなければいけないという戒め。

これは戦前の物理学者・随筆家の寺田寅彦《とらひこ》の言葉とされていて、高知市にある寺田邸址《あと》に建てられた碑に「天災は忘れられたる頃来る」と刻まれています。

天災を経験したことがある人は、その恐ろしさを忘れることはありませんが、こんなことは当分起こることはないだろうと思う人もいるかもしれません。また、時がたてばその天災を経験したことのない人たちの世代になり、災害に対しての意識や備えが疎《おろそ》かになってしまいます。そんな時にまた天災はやってくるということを歴史が物語っています。

寺田寅彦は『科学と文学』で「歴史は繰り返す。法則は不変である。それ故に過去の記録はまた将来の予言となる。科学の価値と同じく文学の価値もまたこの記録の再現性にかかっていることはいうまでもない」とも書いています。

自然災害に関することわざ・言い伝えは、科学者や文学者ではなく、災害の経験者がその時の経験をもとに、次に起きた時のための教訓として、また後の世代への教訓として伝えるために残してくれた大切な記録でもあります。しかし、その教訓が忘れられた頃を狙ったかのように天災はやってきます。

コラム

「災」と「禍」「雷」と「震」

「災」は「巛」（「川」の本字）と「火」から成っていますが、「巛」の部分は、もとは「𡿧《サイ》」という字で、洪水がもたらす災害を表しています。また、「災」は「烖」とも書き、大火がもたらす災害を表しています。つまり「災」は、洪水と大火を重ねた字で、水害、山火事、地震など自然による災害を意味しています。

「禍」は「示」と「咼《カ》」から成っていますが、「咼」は「渦」「鍋」にもあるように、丸いもの、丸くくぼんだものを表しています。「示」は祭壇を描いた字で神に関することを表しますので、人が神の祟《たた》りを被って穴にはまることを表し、天が下す災難を意味しています。この字は「舌禍」「戦禍」「輪禍」のように、主に人災にかかわるものに対応しています。

「雷」の訓読み「かみなり」は「神鳴り」の意で、本来は雷鳴のことでした。「いかずち」とも読みますが、これは「厳《いか》つ霊《ち》」、荒々しく恐ろしい神のことです。また、「かみなり」は「稲妻」ともいいますが、これは「稲の夫《つま》」の意で、古くは稲が雷光と結びついて穂を実らせると信じられていたことからできた言葉です。漢字はもともと「靁」という字で、「畾《ライ》」は同じものが積み重なったさまを描いた象形文字で、雨雲の中に陰陽の気が積み重なってごろごろと音を出すことを表しています。ちなみに、「電」にも「雨」がありますが、脚の部分は「申」で、もとは長く伸びる雷の光を表した字でした。

「震」にも「雨」がありますが、「辰《シン》」は「蜃《シン》」（オオハマグリ）の原字で、貝が開いてふるえる肉が見えるさまを描いた象形文字で、びりびりとふるえる雷を表しています。

地震・津波

地震・津波の予兆を教える言い伝え

地の下で大鯰《おおなまず》が動くと地震が起こる

意味　地中にいる大きな鯰が暴れるために地震が起こるという、昔から世間で広く信じられてきた言い伝え。

江戸時代には「夥《おびただ》しなまずが背負う日本国」という川柳もありました。地震がどうして起こるのか誰も知らない時代に、このような考えが生まれるのは無理もありません。

「鯰」はこの俗信から地震という意味があると『広辞苑』などの辞書に載っています。

全国各地に多くの予兆を教える言い伝えがあります。

井戸水が急に減ると地震がくる
地下水が濁る時は地震がある
津波の前には井戸水が異常に濁る
雉《きじ》が鳴くと地震がある
地震の後に雉が鳴かねば揺り返しがくる
近海の魚群がにわかに減少するのは地震の兆し

これらはほんの一部です。科学的な根拠はないかもしれませんが、実際に普段とは違う異常な現象が直前に見られたのかもしれませんし、人間以外の動物が、人間には感じられない異常を感じることができても不思議ではありません。

地震から身を守るための言い伝え

地震の時は竹藪《やぶ》へ逃げろ

意味 竹藪は竹の根が強く張っているので、地割れや土砂崩れが少なく、倒れるものがないので安全だから地震がきたらそこへ逃げ込め、という言い伝え。

※実際に竹林に逃げて助かったケースもあるそうですが、竹の根は浅いところを横に這《は》っているため、過去には竹林の斜面で土砂災害もあったそうなので、「必ず」身を守ることができるということではありません。

総務省消防庁のウェブサイトに「全国災害伝承情報」というページがあり、日本各地にある言い伝えが掲載されていますが、多くの地方にこの言い伝えが見られます。

「地震の時は南天の木の下に行け」という言い伝えもあります。なぜ南天の木の下なのか理由がよくわかりませんが、南天は難を転ずるということでしょうか。

津波から身を守るための言い伝え

津波てんでんこ

意味 「てんでんこ」は東北地方の方言で、おのおの、それぞれにという意味で、津波はあっという間にやってくるから、周囲の者を構うよりも、各自てんでんばらばらに全力で逃げなさい。自分の命は自分で守りなさいということ。

これは津波を何度も経験した三陸地方に古くからある言い伝えですが、二〇一一年に起きた東日本大震災の際に知った方も多いのではないでしょうか。
「地震がきたら高台へ逃げろ」（地震が起きたら津波がくるかもしれないから）**「潮が引いたら高台へ逃げろ」**（異常な引き潮があると津波がくるから）というのも、津波から逃れるための言い伝えです。

台風・洪水

二百十日《にひゃくとおか》の前後《まえうし》ろ

台風襲来の時期

意味 立春から数えて二百十日目、九月一日の前後は台風が近づいて荒れることが多い。

この頃は台風襲来の時期で、晩稲《おくて》（普通より遅く成熟する稲）の開花期にあたるため、二百十日は昔から二百二十日《にひゃくはつか》とともに農家の厄日とされています。

台風に関することわざには次のようなものもあります。

二百十日の前七日

二百十日の七日前から台風の暴風雨に警戒せよ。

二百十日の荒れは二百二十日に持ち越す

二百十日にくる台風は被害が大きく、その影響は十日後の二百二十日まで及ぶ。

二百二十日の荒れじまい

二百二十日目の九月十一日頃を過ぎると台風のおそれがなくなる。

ちなみに、秋から冬にかけて吹く暴風、特に、二百十日・二百二十日前後の台風を「野分《のわ》き」（野の草を吹き分ける風のこと）ともいいます。

また、「台風」はもと「颱風」と書き、中国南部や台湾で、「おおかぜ」を「大風（タイフーン）」と呼び、それを西洋人がtyphoonと音訳し、それが逆輸入され、台風というようになったといわれています。

洪水の恐ろしさ

千日の旱魃《かんばつ》に一日の洪水

意味　千日も続く日照りと、あっという間にすべてを押し流してしまうたった一日の洪水は、同じ程度の被害をもたらす。それほど水害は恐ろしいということ。

洪水のニュース映像を見るだけでもその恐ろしさに体が震えてしまいます。

各地で治水対策が施されていますが、近年は異常気象の影響なのか、その想定を超える規模の洪水が毎年のように発生しています。その恐ろしさは津波と同様に、瞬く間にすべてのものを押し流してしまい、その被害の影響は長期間にわたり、復旧・復興にも相当の時間を要してしまいます。洪水だけでも将来は人の力で防げるようになって欲しいものです。

大雨・洪水・山崩れの予兆を教える言い伝え

朝虹《あさにじ》はその日の洪水

意味 朝、虹が立つとその日は大雨になり洪水になる前兆。**「朝焼けはその日の洪水」**ともいいます。

天候の予兆に関する言い伝えはたくさんあり、その一部を挙げますが必ずしも科学的な根拠があるわけではありません。

井戸水が急に枯れる時は近くに大雨がある
洪水の前には井戸水が増す
朝雷《あさかみなり》は洪水のもと
朝雷に川渡りすな
朝の虹には川越えするな
蟻《あり》が高上《たかあ》がりすると洪水
蛙《かえる》が高いところにのぼると洪水
蜘蛛《くも》が巣を上にかければ洪水
百舌《もず》が高く巣を作れば洪水がある
洪水の時、今まで流れていた谷水が急に停止すると数分後に山崩れがある

ここにも動物の行動で予兆を示唆するものがありますので、動物には異変を感じ取る力があると信じたくなります。

総務省消防庁のウェブサイト「全国災害伝承情報」には、全国各地の防災にかかわる貴重な言い伝えがたくさんありますので、一度ご覧になってみてください。

私自信、過去に震災に遭い、その恐ろしさ、悲惨さを経験しており、それを今日まで忘れることはありませんでしたし、これからも忘れることはありません。当時を思い出しながら、この章をまとめている最中に大きな地震や大雨による洪水が発生しましたが、その被害を伝えるニュースを見るたびに、心が苦しくなってしまいます。

昔から**「今日は人の上、明日は我が身の上」**といいます。天災は本当にいつどこで起こるかわかりません。**「備えあれば憂いなし」**ということわざを知らない人はいないと思いますが、災害に対しての備えはできていますか？　自分で自分を守るために、できる限りの備えをしておかなければなりません。

偉人たちの教え

「初心忘るべからず」「為せば成る」などは、
みんなが知っていることわざです。
有名なのはその教えが
多くの人の心に強く刻まれた証《あか》し。
偉人たちは人生の教訓となる
多くのことわざを残しています。

吉田兼好

本を通じて古人《こじん》と交流する

見ぬ世の人を友とす

意味　書物を通じて、会ったことのない古人（昔の人）と交流することで、古典を親しむことのたとえ。これは『徒然草《つれづれぐさ》』第一三段に出てくる言葉です。

ひとり灯《ともしび》のもとに文をひろげて、見ぬ世の人を友とするぞ、こよなう慰《なぐさ》む業《わざ》なる。文は文《もん》選《ぜん》の哀れなる巻々《まきまき》、白氏文集《はくしもんじゅう》、老子のことば、南華《なんか》の篇《へん》。この国の博士どもの書ける物も、古《いにしえ》のは、哀れなること多かり。

（ただ一人、灯火のもとに書物を広げて、見も知らぬ昔の人を友とすることこそ、このうえなく心が慰められる。書物は『文選』〈中国、梁の昭《しょう》明太子《めいたいし》編の詩文集〉の趣《おもむき》深い巻々、『白氏文集』〈唐の白楽天《はくらくてん》の詩文集〉、『老子』の言葉、『南華』〈中国、戦国時代の思想書『荘子《そうじ》』〉の各篇などが素晴らしい。我が国の学者たちの書いたものも、昔のものは心に沁《し》み入ることが多い。）

我々も『徒然草』を通じて兼好法師と交流することができ、その人となりを知ることができます。古典に限らず、本を通じて書き手の人柄や生き様を知ることができるのが読書の面白さの一つです。

人生のはかないことのたとえ

仇野《あだしの》の露《つゆ》、鳥部山《とりべやま》の煙《けむり》

意味 露も煙もはかなく消えるところから人生のはかなさ、無常のたとえ。これは『徒然草』第七段に出てくる言葉です。

仇野の露消ゆる時なく、鳥部山の煙立ち去らでのみ住み果つる習ひなれば、いかに物のあはれもなからん。世は定めなきこそいみじけれ。

（仇野の墓地の露には消える時がなく、鳥部山の火葬の煙が立ち去らないでいるというように、人がこの世にいつまでも住みおおせることのできる習わしであったなら、どんなにか、この世は深い情趣もないことであろう。人の世は不定であるからこそ素晴らしいのだ。）

仇野は京都市右京区嵯峨《さが》、小倉山のふもとの野、鳥部山は東山にあり、どちらも火葬場があった地として有名な場所です。

長生きをすれば恥をかくことも多くなる

命長ければ辱《はじ》多し

意味 長生きをすれば、それだけ恥をかく機会も多くなる。これは『徒然草』第七段に出てくる言葉です。**「長生きは恥多し」**ともいいますが、もとは中国・宋の思想書『荘子《そうじ》』にある言葉です。

命長ければ辱多し。長くとも四十《よそぢ》に足らぬほどにて死なんこそ、目安かるべけれ。

（命が長ければ、それだけ恥をかくことが多い。長くても四十歳にならぬくらいで死んでゆくのが、見苦しくない生き方であろう。）

ちなみに、兼好法師は七十歳近くまで生きておられます。

名声は人から反感を買うもとにもなる
誉《ほま》れは毀《そし》りの基《もと》

意味 名声を得るとか人の称賛を集めるということは、人から妬《ねた》まれたり、非難されたりする原因にもなる。これは『徒然草』第三八段に出てくる言葉です。

誉《ほまれ》を愛するは人の聞きを喜ぶなり。（中略）誉はまた毀《そしり》の本《もと》なり。

（名誉を愛するのは、人の評判を聞いて喜びたいからにすぎない。〈中略〉名誉はまた人からの妬《ねた》みの原因にもなる。）

同様のものが、中国の『韓詩外伝』に「名を喜《この》む者は必ず怨《うら》み多し」とあり、この言葉を踏まえて書かれたものでしょうか。

兼好法師が考える家造りの基本
家の作りようは夏を旨《むね》とすべし

意味 家造りは、暑い夏をいかに快適に過ごすことができるかという点に主眼を置くべきである。『徒然草』第五五段に出てくる言葉です。

家の作り様は、夏を旨とすべし。冬はいかなる所にも住まる。暑き比《ころ》、悪《わろ》き住居は堪へがたき事なり。

（家の作り方は、夏を主とするのがよい。冬はどんな所にも住むことができる。暑い季節に住みにくい住居は我慢できないものである。）

この当時、兼好法師はどこに住んでいたのかわかりませんが、冬よりも夏が苦手だったのでしょうか。この後には、天井が高いと冬寒いとか、役に立たないところを作ったほうが見た目にも面白い、などとあります。

どんな社会にも悪事を働く者がいる

家に鼠《ねずみ》、国に盗人《ぬすびと》

意味 家には鼠がいて食べ物を食い荒らし、国には泥棒がいて国や人々の生活を害する。程度の違いはあるが、どんな社会にも必ず悪事を働く者がいる。これは『徒然草』第九七段に出てくる言葉です。

その物につきて、その物を費やし害《そこな》ふ物、数を知らずあり。身に虱《しらみ》あり、家に鼠あり、国に賊《ぞく》あり、小人に財あり、君子に仁義あり、僧に法あり。

（ものに取りついて、そのものを弱らせ痛めるものがこの世には無数にある。体には虱があり、家には鼠があり、国には賊があり、卑しい人間には財があり、立派な人には仁義があり、僧には仏法というものがある。）

正岡子規編の『日本の諺《ことわざ》』には「**身に虱、家に鼠、国に盗人**」とあり、「**僧に法あり**」も、僧が仏法にとらわれかえって身をそこなう、ということわざになっています。

吉となるか凶となるかは人次第

吉凶は人によりて日によらず

意味 運の善し悪し、成功不成功は、日の善し悪しではなく、人の行いによるものである。これは『徒然草』第九一段に出てくる言葉です。

吉日に悪をなすに必ず凶なり。悪日に善を行ふに必ず吉なりと言へり。吉凶は人によりて日によらず。

（吉日でも悪を行うなら必ず凶になる。悪日でも善を行うなら、その結果はきまって吉になると言われている。実際、吉凶は人によるものであって、日によるものではない。）

日を選んだり占いに頼ったりせず、**「思い立ったが吉日」**、何事も自分を信じて行動しなさいということでしょう。

一時《いちじ》の懈怠《けだい》は一生の懈怠

一時の怠け心は一生を無駄にする

意味 「懈怠」はもと仏教用語で、善を修めることを努力しない心の状態（「精進」の反対）、怠けることで、一時の怠け心が、一生を怠けて暮らすもとになる。これは『徒然草』第一八八段に出てくる言葉です。

一時の懈怠、すなはち一生の懈怠となる。これを恐るべし。

（一時の怠惰がただちに一生の怠惰となるのであって、人はこれを恐れなければならないのである。）

たとえば、何かを修めようと思っていても、まだまだ時間はあると思ってちょっと怠けていると、結局何も達成できずに一生を終えてしまうということをいっているのでしょう。

徳川家康

人生には忍耐と努力が必要である

人の一生は重荷を負《お》うて遠き道を行くが如《ごと》し

意味 人の一生は重い荷物を背負って遠い道を歩き続けるようなものだ。だから、忍耐と努力で一歩一歩着実に歩んでいかなければならない。

これは徳川家康の遺訓とされる文書の書き出しの文句で、この後に「急ぐべからず」と続きます。そして『論語』の「**任重くして道遠し**」（任務は重大で、かつ前途は長く困難である）を踏まえた言葉とされています。

ちなみに、遺訓全体は家康本人の言葉ではなく、後世のものである可能性が高いとされていますが、いかにも家康が言いそうな言葉として広まりました。

不自由が当たり前だと思えば不満は生じない

不自由を常と思えば不足なし

意味 不自由なことが当たり前と考えれば不満は生じない。思うようにならないことや不便なことがあっても、それが当たり前のことだと考えれば、不満に思うことはなくなる。

家康自身が幼少時代、人質として過ごすなど、不自由な思いをした経験から生まれた言葉だと思いますが、『老子』の次の言葉が念頭にあったのかもしれません。

足るを知る者は富む

分相応に満足できる者は、生活は貧しくとも心は豊かである。「知足《ちそく》」ともいう。

足ることを知る

不満を捨て満足することを知る。欲望を抑え、不満を捨てることで心の安らぎを得ることができる。この前に「満足を知らないことよりも大きな災いはなく、他人の物を得たいと思うことよりも大きな過ちはない」とある。

中国の歴史書『後漢書』にもこんな言葉があります。

人は足るを知らざるを苦しむ

人の欲望には際限がなく、そのために満足を得ることがなく苦しむ。

苦しかった時を思い出して我慢しなさい

心に望み起こらば困窮したる時を思い出すべし

意味 これは前の**「不自由を常と思えば不足なし」**に続く言葉で、心に何か欲が湧いた時には、苦しかった時を思い出しなさい。贅沢《ぜいたく》したいと思ったなら、貧しく苦しかった時のことを思い出して我慢しなさいという意味になります。

家康の言葉ではありませんが、庶民にも**「銭ある時は銭なき日を思え」**という戒めの言葉があります。

平穏無事でいるために堪忍せよ

堪忍は無事《ぶじ》長久《ちょうきゅう》の基《もとい》

意味　何事も堪え忍ぶことが平穏無事が長く続くもとであり、無事で長生きするもとである。

このことわざどおり家康は六十一歳で江戸幕府を開いた後、享年七十五歳で亡くなっています。家康の句とされる「鳴かぬなら鳴くまで待とう時鳥《ほととぎす》」にも、家康の性格の特徴である忍耐強さが表れています。

負けることも知っておかなければならい

勝つことばかり知りて負くることを知らざれば害其《がいそ》の身《み》に至る

意味　勝つことばかり知って、負けを知らないことは危険である。時には負けることも、結局は自分の身を守る道である。

『北条《ほうじょう》氏直《うじなお》時代《じだい》諺《ことわざ》留《とめ》』に「**勝てば負ける**」とあります。勝った後は、心がおごって後で負けるものが多いということですが、勝つことしか知らないと、心がおごり必ず油断が生じ、そこを敵に狙われてしまいます。そして、窮地に陥った時に乗り越えられず、次につなげるための負け方を知らないために大敗を喫してしまうかもしれません。

負けることによりその敗北の原因を冷静に分析すれば、多くのことを学ぶことができ、それを次にいかすことができます。

ただただ自分を責めて人を責めるな

己《おの》れを責めて人を責むるな

意味 自分の反省を第一にして、人の過ちを責めてはいけない。人は失敗すると他人のせいにしがちですが、自分自身にも何かしら落ち度があるはずなので、まず自らを反省しなさいという戒めです。

ちなみに**「人を責むるは寛《かん》に己れを責むるは厳《げん》なるべし」**（他人の非に対しては寛大に、自分の非に対しては厳しくすべきだ）ということわざもありますが、人を責めるのは簡単ですが、自分の非を認めて反省するのは本当に難しいことです。

何事も控えめがやり過ぎるより良い

及ばぬは猶《なお》過ぎたるに勝《まさ》れり

意味 何事も控えめのほうが、限度を超えてやり過ぎよりも良い。

これは『論語』の**「過ぎたるは猶及ばざるが如《ごと》し」**（度が過ぎたものは少し足りないのと同じようなもの、物事は程よさが大事だ）を踏まえた言葉です。

ちなみに、江戸前期の水戸藩主・徳川光圀《みつくに》の言葉とされる同様の言葉があります。

九分《くぶ》は足らず十分《じゅうぶ》は溢《あふ》る

何事も足らず余らず、ほどほどのところで満足せよ。

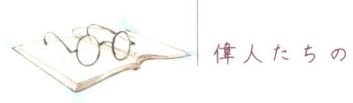

若い近習《きんじゅう》に教えた言葉

五字七字の教え

意味 徳川家康が若い近習（主君のそば近くに仕《つか》える者）に教えたという「うへをみな」の五字と「身のほどを知れ」の七字の教えのこと。

上を見な

分をわきまえて、いたずらに上をうらやむな。

身の程を知れ

何か望みを持ったり欲が湧いたりした時、それが自分にふさわしいかどうか、自分の立場や実力の程度をよく考えて判断せよ、高望みをするな。

どちらも『北条氏直時代諺留』にある言葉です。

西郷隆盛

子孫のことを考え財産を残さない

児孫《じそん》のために美田《びでん》を買わず

意味 子孫のために地味の肥えた田を買って残すことはしない。財産を残しておくと、子孫はそれに頼って努力をしなくなるので財産は残さない。苦労させてこそ立派な人物が育つという教え。

これは西郷隆盛の遺訓の一つで、討幕運動を共に推進した大久保利通に贈った漢詩にある言葉です。

その漢詩とは直接関係ありませんが、親が財産を残すと子孫はこうなってしまうということわざが古くからあり、もちろん西郷さんもご存じだったでしょう。

売り家と唐様《からよう》で書く三代目

初代が苦労して築いた家や財産も、三代目になると遊び事にふけるなどして仕事をないがしろにし、財産を使い果たして、ついには家屋敷を売り出す羽目になる。その「売り家」という文字は三代目が道楽で覚えた唐様（中国風）のしゃれた書体だった。

学問の目的として教えた言葉
天を敬《けい》し人を愛す

意味 天を敬い、人々を自分と同じように愛することで、「**敬天愛人**《けいてんあいじん》」ともいいます。

これも数ある西郷隆盛の遺訓の中の一つで、人々に学問の目的として教えた言葉です。

道は天地自然の道なるゆえ、講学の道は敬天愛人を目的とし、身を修するに克己《こっき》を以《もっ》て終始せよ。

（道というものは天地自然の道理であるから、学問研究の道は敬天愛人を目的とし、身を修するには己《おのれ》に克《か》つということに終始せよ。）

その他の偉人

聖徳太子

和を以《もっ》て貴《とうと》しと為《な》す

意味 人と人とがむつまじく親しくすることを貴いものとする。人々が仲よくやっていくことこそ、この世の中で最も尊《とうと》く、大切なことだということ。

この言葉は、六〇四年、聖徳太子が定めたと伝えられる「十七条憲法」の第一条として学校で習ったことと思います。ことわざとして最も古いものとしている辞書もありますが、この条文のもととなったのは、中国の『礼記《らいき》』にある、「礼《れい》は之《これ》和を以て貴しと為す」という言葉です。

世阿弥《ぜあみ》

初心忘るべからず

意味 習い始めた頃の謙虚で緊張した気持ちを忘れてはならない。また、何事も最初の志を忘れてはならないということ。よく知られ、かつ、使われることの多いことわざの一つです。

これは室町時代の能役者で能作者でもある世阿弥の能楽論書『花鏡《かきょう》』にある言葉です。

当流に、万能一徳の一句あり。初心忘るべからず。

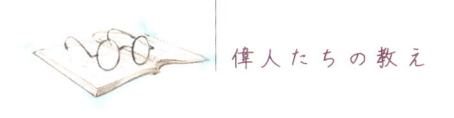

能で一人前になるには長い修行が必要ですが、途中で気が緩んだり怠けたりして、最初に持っていた気持ちを忘れてしまうことから生まれたことわざです。芸事に限らず、物事に慣れ、怠け心を起こしたり、うぬぼれたりすることを戒める言葉で、さまざまな分野、場面で用いられます。

西洋でも「初期の目標を見失うな」といいます。

門松は冥途《めいど》の旅の一里塚《いちりづか》

室町時代の禅僧・一休

意味 正月の門松はめでたいものとされているが、門松を立てるごとに一つずつ年を取って死へ近づいていくのだから、門松は死に一歩ずつ近づくしるしのようなものだ。この後に「めでたくもありめでたくもなし」と続く歌の前半がことわざとなったものです。

これは一休禅師が道歌（道徳的な教えをわかりやすく詠み込んだ歌）問答をした際の歌とされています。

「冥途」はあの世、「一里塚」は街道に一里（約四キロ）ごとに土を盛り、距離を示す目印とした塚のことですが、人の一生は冥途へ向かう後戻りできない旅のようなものだといえます。

ちなみに、年齢の数え方は、以前はこの歌のように、生まれた年を一歳とし、以後正月ごとに一歳ずつ増やして数える、数え年でした。現在は誕生日を迎えるごとに一歳を加えるので、「誕生日は冥途の旅の一里塚」といえます。

私もいつの頃からか、誕生日を迎えると、「また一つ年を取ってしまった。嬉しくもあり嬉しくもなし」と思うようになっていました。

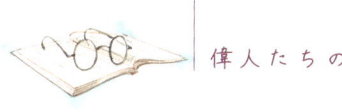

急がば回れ

源俊頼《みなもとのとしより》、または宗長《そうちょう》

意味 急ぐ時には危険な近道を通るよりも、遠くても安全な道を回るほうが、結局は早く目的地に着く。物事は慌てずに着実な手段を選んで行わなければならないという戒め。これもよく知られ、かつ、使われることの多いことわざの一つです。

これは次の歌によるものとされています。

武士《もののふ》の矢橋《やばせ》の船は早くとも
いそがば廻《まわ》れ瀬田の長橋

（「矢橋」は滋賀県草津市の地名、「瀬田の長橋」は琵琶湖《びわこ》から瀬田川が流れ出るあたりに架かる長い橋のこと）

歌の意味は「瀬田回りさしゃれ」ということわざの意味でわかります。「瀬田回り」は矢橋と大津の間を船に乗って琵琶湖を渡らずに、陸路で瀬田の長橋を渡って迂回《うかい》することで、危険な船便で近道をするより、遠回りでも安全な瀬田回りでお行きなさいという意味の言葉です。

この歌は、室町時代の『雲玉和歌抄《うんぎょくわかしょう》』では、平安後期の歌人・源俊頼の歌となっていますが、江戸初期の咄本《はなしぼん》『醒睡笑《せいすいしょう》』には、「宗長が読める」とあり、室町時代の連歌師・宗長が詠んだ歌となっています。

為《な》せば成る

江戸時代の米沢藩主・上杉鷹山《ようざん》

意味 人間その気になればできないことはない。どんなことでも強い意志を持ってやれば必ず成就できるということ。

何か難しいことに取り組む時や、途中でくじけそうになった時に、自分や他人を励ますために使われることわざですが、今は「やればできる」と言うほうが多いかもしれません。

これに続けて「為さねば成らぬ何事も」と覚えている人もいるかと思いますが、これは江戸後期の米沢藩主・上杉鷹山の書状にある歌が出典とされています。

為せば成る為さねば成らぬ何事も
成らぬは人の為さぬなりけり

これより前に、戦国時代の武将・武田信玄にも同様の思いを詠んだ歌があります。

為せば成る為さねば成らぬ成る業《わざ》を
成らぬと捨つる人のはかなさ

ちなみに「為す」は「成す」とも書きますが、「為す」は、する、行う、「成る」は、出来る、成就するという意味で使い分けます。

幕末の尊王攘夷《そんのうじょうい》派の僧・月性《げっしょう》

人間到《いた》る処青山《ところせいざん》あり

意味

「人間」は「じんかん」とも読み、人の住むところ、世の中のこと、「青山」は墓地にふさわしい青々とした山、墳墓《ふんぼ》の地のことで、世の中には自分の骨を埋めるぐらいの場所はどこにでもある。だから故郷を出て大いに活躍すべきであるということ。

「青山」は、中国の北宋の詩人・蘇軾《そしょく》の詩の一節に「青山骨を埋むべし」とあることから、骨を埋める地とされています。

日本のことわざ自体は、幕末の尊王攘夷派で周防《すおう》（山口県）の僧・月性が故郷を後にする時に書き残した次の漢詩の一節によるとされています。

男児《だんじ》 志《こころざし》を立て郷関《きょうかん》を出《い》ず　学若《も》し成らずんば復還《またかえ》らず　骨を埋むるに何《なん》ぞ期せん墳墓の地　人間到る処青山あり

（男児が志を立てて故郷を出たからには、学業が成就しなければ再び故郷に帰るつもりはない。骨を埋めるのにどうして墳墓の地を決める必要があろうか。人はどこにでも骨を埋める地はあるものだ。）

夏目漱石

知に働けば角《かど》が立つ

意味 理知的でいようとすると人間関係に角が立って他人ともめて穏やかに暮らせない。理屈だけでは世の中は渡れないということ。

これは夏目漱石の『草枕』の冒頭にある言葉ですが、多くのことわざの辞書に取り上げられています。この後に、「情に棹《さお》させば流される。意地を通せば窮屈だ。とかくに人の世は住みにくい。」と続きます。

ちなみに、「知」「情」「意」の順に書かれていますが、辞書でいろいろ調べているうちに、「知情意」という言葉を見つけました。これは人間の持つ三つの心の働き、知性・感情・意志のこととあります。

漱石は『文芸の哲学的基礎』にこう書いています。

「知情意」は当を得た分類かも知れぬが、三つの作用が各独立して、他と交渉なく働いているものではありません。

『草枕』の冒頭も、この「知情意」を意識して書いているようです。

もじり・しゃれ

ことわざの一部を少し変えただけで、
違う意味になったり、滑稽《こっけい》になったり、
毒を含んだり……。
まさに「言《こと》の技《わざ》」が光ります。
思わず「うまい！」とひざを打つ、
もじりやしゃれが満載です。

ことわざのもじり

冗談から駒が出る

「瓢箪《ひょうたん》から駒《こま》が出る」のもじり

意味 もとのことわざの意味、冗談のつもりで言ったことが思いがけず本当になることを、「瓢箪」と音の似ている「冗談」に替えて同様の意味を表した秀逸なもじりです。

これは江戸時代から使われていますが、「**冗談から本真《ほんま》が出る**」（まさに「**嘘から出たまこと**」）ともいい、さらに、冗談で言ったことが本当になって、ついには泣いてしまうようなつらい目にあってしまう、「**冗談から泣きが出る**」という発展形もあります。

●瓢箪から駒が出る

瓢箪から出るはずのない本物の馬が飛び出すことから、思いもよらないことが起こったり、冗談で言ったことが思いがけず本当になってしまったりすることのたとえ。これを受けて、現実にはそんな突飛なことは起こるものではないということを、「**瓢箪から駒も出《い》でず**」という。

知らなきゃ放っておけ

「知らぬが仏」のもじり

意味 知らないならあえて教えてやることもない、そのまま放っておけということ。

「知らぬが仏、知らなきゃほっとけ」と続けて言ってみるのはどうでしょう。

●知らぬが仏

知れば腹も立つが、知らなければ仏様のようにすました顔でいられる。そこから、本人だけが知らないですましているのをあざけっていう語。

「借りる時の地蔵顔、返す時の閻魔《えんま》顔」のもじり

寝る時の地蔵顔、起きる時の閻魔顔

意味 眠っている間は地蔵のように穏やかな顔をしているが、起きる時には閻魔のように恐い顔になる。

これは寝起きに機嫌の悪い人のことをいっているのですが、ひょっとして奥さんのことでしょうか。

●借りる時の地蔵顔、返す時の閻魔顔

金を借りる時は相手の機嫌を取ろうとして地蔵のようににこにこ顔をするが、返す時になると閻魔のような渋い不機嫌な顔になる。「**用ある時の地蔵顔、用なき時の閻魔顔**」ともいう。

「鬼の留守に洗濯」のもじり

鬼の留守に新宅

意味 怖い人や口うるさい人が留守の間に別の家に転宅してしまうこと。

使用人が主人のいない間に別の家で雇ってもらったり、旦那が奥さんのいない間に別の女性

の家に行ったりしてしまうなど、いろいろな転宅が考えられます。

●鬼の留守に洗濯

気兼ねする人や怖い人のいない間に、したいことをしたり、息抜きしたりすること。「鬼の居ぬ間に洗濯」ともいう。

串打ち三年裂き八年火鉢一生

「桃栗三年柿八年」のもじり

意味 「串打ち」は焼くために串を刺す、「裂き」は腹を切り開く、「火鉢」は焼くことで、鰻《うなぎ》の蒲《かば》焼きを作る技術修得の大変さをいう言葉です。

●桃栗三年柿八年

芽が出てから実を結ぶまで桃と栗は三年、柿は八年かかる。何事も成就するまでに相応の年数がかかるたとえ。

技術習得の大変さをいうことわざはこんなものも。

首振り三年ころ八年

尺八はなんとか吹けるようになるのに三年、ころころという味わいのある音を出せるようになるのに八年かかる。「顎《あご》振り三年」ともいう。

ぽつぽつ三年波八年

日本画でぽつぽつと点で苔《こけ》を描けるようになるのに三年、波を描けるようになるのは八年かかる。

草花《くさばな》三年

生け花を学ぶ中でも、草花の生け方が最も難しい。

櫓《ろ》三年に棹《さお》八年

舟の櫓を一人前に操るには三年、棹は八年の修

行が必要。「櫂《かい》は三年櫓は三月《みつき》」ともいう。

剣術十年槍《やり》三年

剣術の習得には十年、槍術には三年を要する。

現代にはこんなもじりもあります。

臍《へそ》繰り八年株一年

八年も臍繰りしてようやくためた金を、株に手を出してたった一年でなくしてしまう。また、臍繰りでは八年もかかる金額を、株で一年のうちに儲《もう》けてしまうこと。

「医は仁術《じんじゅつ》」のもじり

医は算術

意味 金儲けしか考えないような医者のこと。

これはそんな医者を批判したものですが、医療を金儲けの手段と考える医者は論外ですが、検査や治療にはそれなりの医療機器も必要になるでしょうから、現代の病院経営には「医は算術も必要」なのでは、と素人ながら思います。

●医は仁術

医術は単に病気を治すだけではなく、人を救う道でもある。損得は問題にすべきではないという、医療に携わる者への戒めの言葉でもある。貝原益軒《かいばらえきけん》の『養生訓』に、「医は仁術なり。仁《じん》愛《あい》の心を本《もと》とし、人を救ふを以《もっ》て志《こころざし》とすべし。我が身の利養を専《もっぱ》らに志すべからず」（「利養」は、利をむさぼり私腹を肥やすこと）とある。

「帯に短し襷《たすき》に長し」のもじり

布団は短し夜は長し

意味　秋冬の夜は長いのに短い布団で過ごしにくいこと。

布団が短いのは布団が縮んだから？　家族が増えたから？　背が伸びたから？

●帯に短し襷に長し

布の長さが帯にするには短くて足らず、襷にするには長すぎる。中途半端で役に立たないこと。

「鯛《たい》も一人はうまからず」のもじり

鯛も干物はうまからず

意味　魚のなかで一番の美味とされる鯛も、干物にするとそんなにおいしい物ではない。

今はおいしい鯛の干物がありますが、この人は食べたことがないのでしょう。

●鯛も一人はうまからず

鯛のようなご馳走《ちそう》でも、一人で食べるのは味気ないもの。食事は誰かと一緒に食べるほうがおいしい。

「武士は食わねど高楊枝《たかようじ》」のもじり

猿も食わねど高楊枝

意味　猿にさえ高い気位があるのだから、人間たるものは生活に窮《きゅう》しても気位は高く持ち、恥ずべきことをしてはならないということ。

「武士」を「猿」にしたのは、気位の高い武士への皮肉でしょうか。

●武士は食わねど高楊枝

武士は貧しくて食事に困る時でも、食べたふりをしてゆうゆうと楊枝を使いひもじさなど微塵も見せない。貧しくても、気位を高く持って生きるべきだ。また、痩せ我慢することにもいう。

横板に雨垂れ

「立て板に水」のもじり

意味 横に寝かせた板の上に落ちる雨垂れのように、物の言い方がなめらかでなく、言葉がぽつぽつと途切れるように話すさま。

「横板に泥」ともいうようですが、雨垂れなら少しは流れるでしょうが、泥となるともう何を言っているのかわからないということでしょう。

●立て板に水

立てかけた板に水を流せばさっと流れるように、すらすらとよどみなくしゃべることのたとえ。「戸板に豆」ともいう。

瑕に玉

「玉《たま》に瑕《きず》」を逆にいうと意味も逆になる

意味 欠点や悪いところが多いなかにも、少しは良いところがあるたとえ。言葉を逆さまに言うことで逆の意味を表した、まさに言《こと》の技《わざ》です。

●玉に瑕

もしそれさえなければ満点なのだが、残念ながらほんのわずかな欠点があることのたとえ。
中国の故事に由来するとされていますが、日本でも古くから使われ『源氏物語』にこの表現が見られます。

「稼ぐに追いつく貧乏なし」のもじり

稼ぐに追いつく貧乏神

意味 いくら働いて稼いでも、追ってくる貧乏神に追いつかれてしまい、貧乏から抜けられないということ。「稼ぐに追い抜く貧乏神」ともいいます。

●稼ぐに追いつく貧乏なし

貧乏神が追いかけてきても、一生懸命働いて稼いでいれば追いつかれることはないので、貧乏することはない。

「運は天にあり」と「棚から牡丹餅《ぼたもち》」のもじり

運は天にあり、牡丹餅は棚にあり

意味 運は天にあるのだから、「棚から牡丹餅」のような幸運となるか、やってみなければわからない。

二つのことわざを合わせて言うことで、人を笑わせたのでしょうか。

●運は天にあり

人間の運命はすでに定まっているので、自然の成り行きに任せるほかない。

●棚から牡丹餅

棚の下に寝転んでいたら牡丹餅が、開いていた口にうまい具合にすとんと入った。まったく努力せずに思いもかけない幸運が転がり込んで

くることのたとえ。逆に、努力をしなければ幸運はやってこないということを**「棚から牡丹餅は落ちてこない」**という。

「腹に一物《いちもつ》」に続けたしゃれ

腹に一物、背に荷物

意味

「お前さん、もしかして腹に一物、背に荷物持ってるだろ」と、「腹」に対して「背」、「一物」に続けて「二」を掛けて「荷物」といった軽妙なしゃれですが、特に意味はありません。

●腹に一物

口には出さないが、心の中でひそかに企《たくら》みを抱いていること。

「江戸っ子は宵越《よいご》しの銭は持たぬ」に対してできた

江戸者の生まれ損ない金を溜《た》め

意味

江戸っ子は宵越しの銭（一夜持ち越す銭）は持たないのに、江戸の生まれ損ないだから金をためるのだ、ということを詠んだ川柳からできたことわざ。

「江戸者の生まれ損ない」というのは、江戸の生まれだが江戸っ子らしくないと、お金をためた江戸っ子を皮肉ったのでしょう。

●江戸っ子は宵越しの銭は持たぬ

江戸っ子はその日に稼いだ金をその日のうちに使ってしまって、翌日に持ち越すようなことはしない。江戸っ子の金離れのよさをいう言葉。

小男《こおとこ》の総身の知恵も知れたもの

「大男総身に知恵が回りかね」への返しの言葉

意味

「大男総身《おおおとこそうみ》に知恵が回りかね」と言われた男が相手の男に、その小さな体全部が知恵だとしても高が知れていると言い返した言葉。

この二つがいわゆる「売り言葉に買い言葉」、喧嘩《けんか》を売る言葉とそれを買う言葉です。

●大男総身に知恵が回りかね

大男は体が大きいだけに、全身に知恵がいきわたらず愚かだと、体ばかり大きくて頭の働きの鈍い男を皮肉っていう言葉。

下戸《げこ》に御飯

「猫に小判」のもじり

意味

昔からある言葉遊びで、特に意味はありませんが、下戸は酒が飲めない人のことなので、下戸にとって御飯は価値のあるものという意味では、「猫に小判」の逆のような意味になります。

ちなみに、「猫に御飯」や「猫にこんばんは」は誰でも思いつきそうなもじりです。

●猫に小判

価値のわからない者に高価なものを与えても無駄なことのたとえ。同様の意味の「豚に真珠」は『新約聖書』の中にある言葉。

しゃれを使ったことわざ

「鰻《うなぎ》の蒲《かば》焼き」のしゃれ

浮気の蒲焼き

意味 「浮気」と「鰻」の音が似ているところから「鰻の蒲焼き」に掛けたしゃれで、浮気、浮気者のこと。

『広辞苑』の解説に、江戸時代中期の流行語とあるのですが、流行語になるほど浮気する人が多かったのでしょうか。

「世話を焼く」を「蒲焼き」に掛けたしゃれ

おせせの蒲焼き

意味 「おせせ」の「せせ」は「世話」の「世」を重ねたもので、余計なお世話、お節介のこと。「蒲焼き」を加えて、余計な世話を焼くこと、お節介を焼く人のこと。

これも江戸時代中期には使われていたようです。**「いらぬおせせの蒲焼き」「いらぬお世話の蒲焼き」**ともいいます。

「大きなお世話だ」と言うかわりに、「大きなお世話の蒲焼きだ」と言ってみるのも面白いかも。

「呆《あき》れ返る」のしゃれ

呆れが宙返りをする

意味　呆れがただ「返る」のではなく「宙返り」するほどひどく呆れることで、「呆れがとんぼ返りをする」「呆れが舞う」ともいいます。さらに、呆れのほうから礼にやってくるほどひどく呆れてしまうことを、「呆れが礼に来る」といいます。

次の川柳はどういう意味でしょう。

来る人は来いで呆れが礼に来る

これは、来るべき人は来ずに代わりに呆れが礼に来る、つまり、来るべき人が来ないので、あまりにも呆れてしまうと詠んだのでしょう。

「結《ゆ》う」と「言う」を掛けたしゃれ

嘘《うそ》と坊主の頭はゆったことがない

意味　頭に髪のない坊主の髪を結ったことがないように、これまで一度も嘘を言ったことがない。

こうやって人を笑わせるような言い方をすると、逆に嘘を言っているように思えてしまいますが……。

話はちょっとそれますが、坊主に毛がないことからできたことわざを挙げておきます。

たとえに嘘なし坊主に毛なし
たとえとして使われる言葉はどれも物事の真理を語っていて嘘はない。ことわざには人生における多くの真実が語られている。

坊主の花簪《はなかんざし》

持っていても使いようがなく無駄なことのたとえ。

坊主の鉢巻き

締まりのないことのたとえ。

「ごうごう」に「もうもう」を続けたしゃれ

喧喧囂囂《けんけんごうごう》牛もうもう

意味 「喧喧囂囂」は、多くの人が勝手に発言してやかましいさまで、「ごうごう」と音の響きの似た「もうもう」を続けて、人々がやかましく騒いでいるのを冷やかしていう語です。

人の騒ぐ声が牛の群れがもうもうと鳴いているように聞こえたのでしょうか。

ちなみに、「喧喧諤諤《けんけんがくがく》」（さまざまな意見が出てやかましいこと）は、「喧喧囂囂」と「侃侃《かんかん》諤諤《がくがく》」（何者にも臆せずに正しいと信じることをはっきりと主張すること）とが混同されてできた語です。

「分別」の「分」と「糞《ふん》」を掛けたしゃれ

よい分別は雪隠《せっちん》で出る

意味 雪隠は便所のことで、名案は静かな落ち着いた場所で出やすいものだということ。

現代でもトイレにこもって考え事をする人はいると思いますが、昔の人もそうしていたのですね。

ちなみに、うまい考えが出なかった時には、「**糞は出たが別は出ない**」という面白い言い訳もあります。

「さる」を「猿」に掛けたしゃれ

敵もさる者引っ掻《か》く者

意味 「さる者」は然《さ》る者、つまり相当な者の意で、「猿」と掛け「引っ掻く者」と続けたしゃれですが、「敵もなかなかたいしたものだ」と、碁や将棋など勝負ごとで相手の実力を認める時にいう語です。

動物の名に掛けたしゃれは数多くありますがもう一つだけ紹介します。

蟻《あり》が十《とお》なら芋《いも》虫や二十《はたち》

これは「ありがとう」と礼を言われた時に、照れ隠しで言う言葉です。

「日光」と「結構」の語呂合わせ

日光を見ぬうちは結構と言うな

意味 日光の立派な東照宮を見ないうちは、ほかの建築物を見て結構という誉め言葉を使うな。日光の東照宮ほど素晴らしいものはないということ、また、東照宮を中心とした日光全体の美しさをたたえた言葉です。

ちなみに、「結構」は日本では素晴らしくて難点がないなどの意味で使いますが、文章や建物などの組み立て、構え、特に「結構を尽くした建築」のように、善美を尽くして物を作るという意味があります。

主な参考文献

【文献】
北村修一監修『故事俗信ことわざ大辞典第二版』小学館
三省堂編集所編『新明解故事ことわざ辞典第二版』三省堂
学研辞典編集部編『用例でわかることわざ辞典改訂第二版』学研
宮腰賢編『現代に生きる故事ことわざ辞典』旺文社
辞典編集部編『会話で使えることわざ辞典』集英社
現代言語研究会編『日本語を使いさばく故事ことわざの辞典』あすとろ出版
高橋書店編集部編『実用ことわざ新辞典』高橋書店
柳田國男『ことわざの話』ARS

新村出編『広辞苑第七版』岩波書店
松村明編『大辞林第三版』三省堂
松村明監修・小学館国語辞典編集部編集『大辞泉第二版』小学館
金田一春彦監修・小久保崇明編集『全訳古語辞典改訂第二版』学研
藤堂明保ほか編『漢字源改訂第五版』学研
山口佳紀編『暮らしのことば語源辞典』講談社

『日本の古典をよむ』小学館
小島憲之・木下正俊・東野治之『4万葉集』
松尾聰・永井和子『8枕草子』
阿部秋生・秋山虔・今井源衛・鈴木日出男『9・10源氏物語』
市古貞次『13平家物語』
神田秀夫・永積安明・安良岡康作『14方丈記・徒然草・歎異抄』
小林保治・増子和子・浅見和彦『15宇治拾遺物語・十訓抄』
長谷川端『16太平記』

山崎正和『現代語訳・日本の古典12徒然草・方丈記』学研
林望『謹訳・平家物語』祥伝社
古谷知新『源平盛衰記』国民文庫刊行会
高橋貞一『新校・太平記』思文閣
渡邊寶陽ほか『日蓮聖人遺文』佼成出版社
中村通夫『浮世風呂』岩波書店
奥村恒哉『古今和歌集』新潮社
田中裕・赤瀬信吾『新古今和歌集』岩波書店
小町谷輝彦『拾遺和歌集』岩波書店
藤本一恵『後拾遺和歌集』講談社
大曽根章介・堀内秀晃『和漢朗詠集』新潮社
佐々醒雪『芭蕉翁全集』博文館
素堂編『とくとくの句合』珍書会

尾崎紅葉『二人女房』岩波書店
夏目漱石『吾輩は猫である』新潮文庫
夏目漱石『夏目漱石全集10』筑摩書房
小宮豊隆編『寺田寅彦随筆集第四巻』岩波文庫
興津要『江戸食べもの誌』河出書房新社

【ウェブサイト】
文化庁「国語に関する世論調査」
国立社会保障・人口問題研究所「出生動向基本調査」
裁判所「司法統計」
総務省消防庁「全国災害伝承情報」

【や行】

【ら行】

【わ行】

【ま行】

【は行】

【な行】

【た行】

【さ行】

【か行】

索引

【あ行】

著　岩男忠幸（いわおただゆき）

1956年、福岡県生まれ。

兵庫県立神戸商科大学（現兵庫県立大学）卒業後、一般企業にて主に社内の情報システムの構築・運用に携わる。

20年ほど前から漢字1万7000字の字源（成り立ち）、その訓読み＝大和言葉の語源、ことわざ、慣用句等、日本語について研究しまとめてきた。

著書：『知らない漢字も読める！似た漢字も間違わない！漢字の「うんちく」』（主婦の友インフォス）

絵　エヴァーソン朋子

編集　田中智絵
企画協力　稲垣麻由美
　　　　　NPO法人企画のたまご屋さん
デザイン　平林亜紀（micro fish）
制作　シーロック出版社

日本のことわざを心に刻む
―処世術が身につく言い伝え―

2018年12月19日　初版第1刷発行
2019年1月11日　初版第2刷発行

著　岩男忠幸
発行人　保川敏克
発行所　東邦出版株式会社
〒169-0051
東京都新宿区西早稲田3-30-16
http://www.toho-pub.com
印刷・製本　中央精版印刷株式会社
（本文用紙・HSホワイトハミングA　49・5kg）